乡村教育

徐文娜 ◎ 编著

乡村教育振兴问题研究

辽宁人民出版社

图书在版编目（CIP）数据

乡村教育振兴问题研究 / 徐文娜编著．—沈阳：辽宁人民出版社，2022.12
ISBN 978-7-205-10569-3

Ⅰ．①乡…　Ⅱ．①徐…　Ⅲ．①乡村教育—研究—中国
Ⅳ．① G725

中国版本图书馆 CIP 数据核字（2022）第 180811 号

出版发行：辽宁人民出版社
地址：沈阳市和平区十一纬路 25 号　邮编：110003
电话：024-23284321（邮　购）　024-23284324（发行部）
传真：024-23284191（发行部）　024-23284304（办公室）
http：//www.lnpph.com.cn
印　　刷：沈阳绿洲印刷有限公司
幅面尺寸：170mm × 240mm
印　　张：9.5
字　　数：140 千字
出版时间：2022 年 12 月第 1 版
印刷时间：2022 年 12 月第 1 次印刷
责任编辑：张天恒　王晓筱
封面设计：山月设计
版式设计：李　媛
责任校对：吴艳杰
书　　号：ISBN 978-7-205-10569-3
定　　价：48.00 元

目录

第一章

乡村教育振兴总论

乡村教育振兴既是乡村振兴的重要支点，也是教育现代化的重要组成部分。乡村教育振兴需要妥善解决城乡教育资源供给不均的矛盾、乡村教师“下得去”与“留不住”的矛盾、对教师综合素质的高要求与部分教师素质能力提升困难的矛盾、乡村教育“离农”与“为农”的矛盾。乡村教育振兴是一项系统工程，要以大教育观推进乡村教育改革，并将乡村教育振兴嵌入乡村振兴战略中，全面深化教育体制机制改革，增强乡村教育振兴的内驱动力，重塑乡村教育的文化自信，多渠道支撑乡村教育高质量发展。

第一节　新时代乡村教育的改革与发展

党的十八大以来，教育改革和发展进入快车道，发展速度和成效举世瞩目。经过多年的努力，我国脱贫攻坚取得了全面胜利，乡村教育面貌发生了格局性变化，为阻断贫困代际传递奠定了坚实基础。乡村振兴战略的实施为乡村教育带来了新的发展机遇和挑战，乡村教育也将面临更为复杂的新情况、新问题，需要更深层次的变革来与此回应。

一、教育脱贫攻坚取得重大进展

（一）乡村教育总体水平得到提升

党的十八大以来，教育领域各项改革全面深化，教育现代化水平不断提升。主要表现在以下四个方面。

1. 教育经费投入逐年增长

全国财政性教育经费连续实现“三个增长”，并从2012年至今，始终保持教育投入占GDP的比例在4%以上。2015年，国务院发布了《关于进一步完善城乡义务教育经费保障机制的通知》，要求建立城乡统一、重在乡村的义务教育经费保障机制。《国家教育事业发展“十三五”规划》进一步明确了“一个不低于，两个只增不减”的要求：保证国家财政性教育经费支出占国内生产总值的比例不低于4%，确保财政一般公共预算教育支出逐年只增不减，确保按在校学生人数平均的一般公共预算教育支出逐年只增不减。近年来，更是将落实“两个只增不减”作为各级政府履行教育职责评价的重要内容，各级政府全面落实教育优先发展战略，按照“两个只增不减”要求，切实保障教育经费投入。

2. 适龄儿童入学得到有效保障

乡村义务教育招生和在校学生数不断扩大，乡村义务教育普及程度与适龄儿童入学人数增加明显，有力地落实了幼有所育、学有所教。为了义务教育有保障，国家下大力气加强控辍保学力度，出台多种教育救助帮扶政策，不仅从政策导向上强调教育质量，而且落实到整个乡村教育大局中，形成了系统的控辍保学长效机制。2020年，全国九年义务教育巩固率达到95.2%。

3. 乡村教师队伍素质和能力明显提升

各地采取多元化的方式补充乡村教师，通过公开招聘、定向培养、“特岗计划”“银龄讲学”等途径加大乡村教师补充力度，同时通过国家、省、市、县（区）、校各层次的专项培训，切实提高乡村教师从教水平。各地不断加强城镇和乡村教师之间的教学交流和定期轮岗力度，进一步保证乡村教师质量和数量，进一步缩小城乡教育差距，促进区域城乡教育一体化。

4. 学校教育教学环境得到改善和提升

通过完善义务教育长效机制，实施薄弱学校改造计划、初中工程等项目，缩小中西部地区城乡、区域间义务教育学校建设的差距，推动义务教育学校标准化建设。国家连续多年下发专项补助资金改善贫困偏远薄弱学校的教学条件，包括置办和换新教学工具、建设体育场、食堂、新校舍、购买图书，累计改善贫困地区义务教育薄弱学校 10.8 万所，让每一个孩子都能享受到公平的教育。

（二）乡村教育扶贫成效显著

精准扶贫实施以来，党和政府把教育扶贫作为脱贫的重要举措之一，而且把义务教育有保障作为“两不愁三保障”的内涵之一。“把贫困地区孩子培养出来，这才是根本的扶贫之策。”[①] 国家通过实施一系列教育脱贫攻坚战略举措，推动贫困地区教育面貌发生格局性变化，为阻断贫困代际传递奠定了基础，最显著的成果就是贫困家庭学生辍学问题得到历史性解决。建立了较为完善的教育扶困助学体系，从幼儿园、小学、中学、大学都有贫困生扶贫资助政策，累计 6.41 亿人次贫困学生得到资助。国家大力发展高中教育，增加面向贫困地区的大学招生倾斜比例，70 万名乡村和贫困地区学生进入重点高校。[②] 同时鼓励支持职业技术教育发展，对建档立卡贫困生进行就业帮扶，数千万名贫困家庭学生通过接受职业教育培训实现脱贫。2021 年初，“我国义务教育阶段建档立卡贫困家庭辍学学生实现动态清零。”[③]这是八年教育扶贫取得的成效，它以精准的监测对接每一个贫困家庭的学生，实现了义务教育的全面普及和绝对保障，使得“人人有学上”的教育扶贫目标完成。教育精准扶贫是新时代教育领域坚持以民为本的生动实践，也是新时代我国乡

① 习近平 . 做焦裕禄式的县委书记［M］. 北京：中央文献出版社，2015：24.

②③习近平 . 在全国脱贫攻坚总结表彰大会上的讲话［N］. 人民日报，2021-02-26，（2）.

村教育发展的重要政策支持。精准扶贫促进了我国乡村教育的跨越式发展，也为我国教育强国战略新征程增加了助力。

二、新时代乡村教育发展存在的主要矛盾

新时代乡村教育发生了深刻的变化，取得了显著的成效，乡村学校在硬件设施、师资配置和办学经费等方面得到了较高水平保障。但也仍存在着诸多矛盾和问题，制约着新时代乡村教育的发展。

（一）城乡教育资源供给不均的矛盾

城乡一体化加快推进使得优质资源集聚化，教育资源也不例外。当前，我国乡村教育的主要矛盾已经转化为人民日益增长的优质教育需求和不平衡、不充分的教育发展之间的矛盾。[①] 因城市优质教育资源的集聚和人民总体生活水平的提高，学龄人口“城挤”“村空”的矛盾凸显。

“城挤”表现为城镇学校出现“大校额”“大班额”，给学校管理、校风建设、文化建设带来巨大压力和风险。一个班级学生数量过多，教师工作精力有限，很难顾及每一个学生，这会影响学生学习的积极性和效率，不利于教育教学质量的提升。国外研究表明，班级规模增大不利于学生的人际交往和情感交流。班级规模越大，同学之间的交往频率越低，容易产生隔阂感与孤独感，集体规范难以建立，不利于学生身心健康和社会化。

“村空”是当前乡村的棘手问题。随着城镇化推进和乡村人口的不断外流，乡村学校生源逐年减少，一些乡镇中心学校逐渐萎缩成小规模学校，村小和教学点不断减少，甚至成为“空壳”学校。国家政策已经逐渐保障乡村小规模学校的存在并且在贫困地区建设寄宿制学校，但是这个任务任重道远，低龄寄宿弱化家庭抚养和教育功能的问题同样不容忽视。对于非国家扶贫和重点帮扶的县，由于地方财政帮扶资金有限，乡村寄宿制学校硬件设施

① 秦玉友，曾文婧．新时代我国农村教育主要矛盾与战略抉择［J］．中国教育学刊，2018（08）：47—53.

不达标问题仍比较严峻。

（二）乡村教师“下得去”与“留不住”的矛盾

城乡之间教育的不均衡突出表现为优质资源的不均衡，乡村教育质量落后的根本原因是缺少优质教师，缺少“留得住、教得好”的乡村教师队伍。党的十八大以来，国家通过“国培计划”“特岗计划”“西部支教计划”“银龄讲学计划”“三定模式”等加大乡村教师补充力度，但乡村教师缺口仍然较大，乡村教师的年龄结构和学科结构仍处于失衡状态。从年龄结构看，乡村教师老龄化现象仍然比较严重，辽宁省某乡镇中心校 50 岁以上教师占比达到 78.2%，新补充教师年龄集中在 30 岁左右，教师年龄结构存在断档。从学科结构看，受乡村学校规模影响，体音美劳等小科教师很难配齐配全，由其他学科教师兼任现象普遍存在。

乡村教师“下得去”却“留不住”的问题比较普遍。近年来，党和政府对乡村教师问题高度关注，出台一系列关于乡村教师支持的意见、建议、计划，教育部也在提高教师待遇方面明确要求不得低于当地公务员工资，但是年轻教师在交通不便、偏远地区还是很难适应和坚持下去。除了工作待遇外，乡村教师专业发展空间受限、社会对乡村教师的认同感比较低、家长对老师的工作认同出现危机、乡村社会和乡村教育不能满足乡村教师精神需求等因素，也成为影响教师扎根乡村不可忽视的重要因素。乡村学校陷入了既引不来年轻教师，又留不住优秀教师的矛盾中。乡村基础教育资源匮乏的现实困境持续加重，乡村持续振兴的内生动力严重不足。

（三）对教师综合素质的高要求与部分教师素质能力提升困难的矛盾

党的十八大以来，教育体制改革不断深化，教师综合考核机制不断健全，师德师风建设取得一定成效，但是教师综合素质的高要求与部分教师教育教学能力不达标的矛盾仍然比较突出。在广袤的中国大地上，有无数像张桂梅一样的老师，他们扎根乡土，默默无闻，为乡村孩子点亮人生梦想，托举起贫困地区孩子用知识改变命运的梦想和希望。与此同时，乡村教师队伍整体素质亟待提高也是不争的事实。一个合格的好老师是“经师”与“人师”的统一，不仅要在品德和行为上做出良好的带头表率作用，还要不断提升知识储备，并拥有好的教学能力。新课程改革对教师的专业素养提出了更高、更全面的要求，一些教师参与进修培训、接受再教育的自觉性与积极性不高，造成业务素质与文化素质低下，妨碍了教师专业水平的提高。特别是一些年龄偏大的乡村教师，教育方法陈旧，对新课程理念吸收不够，专业素养与质量意识、创新意识没有改观，教育教学质量难以真正提高。

（四）乡村教育“离农”与“为农”的矛盾

新中国成立以来，乡村教育在国家政策导向上坚持“为农”，即坚持乡村教育服务“三农”。但是在教育实践过程中却与国家政策导向相矛盾，乡村教育实践过程是为了离开农民身份，走向城市，为城市发展服务。[①] 不论是乡村教育的目标定位，还是乡村教育内容的选择，都表现出较为严重的城市倾向。[②]在设计教学目的、教育理念、教育内容等方面都向城市教育看齐。之所以出现这种用城市教育理念统领乡村教育的现象，是因为没有真正把乡村教育放在与城市教育同等重要的地位，乡村教育处于“被一体化”的状态，在课程设计中对乡村的特色、历史和文化关注不够，乡村的资源要素和生态、文化等多重价值没有充分发挥出来。导致一些乡村学校既达不到城市的教育质量标准，又失去了自身的特色，这种矛盾也表现在乡村社会对教育的认知上。城市确实在生活质量、教育水平、发展机会方面优于乡村，乡村人希望通过下一代的教育成功进入城市，改变农民的身份。农民对教育的认知与国家倡导“乡村教育为乡村发展服务”的意愿存在偏差，即乡村教育的个人价值与乡村教育的社会价值形成了冲突，使得“离农”问题严重，对乡村振兴的影响也较大。[③]

①②邬志辉等．中国农村教育：政策与发展（1978—2018）［M］．北京：社会科学文献出版社，2018：72.

③刘引引．习近平新时代乡村教育重要论述研究［D］．西安：西北大学，2021：22.

三、乡村振兴让乡村教育面临新的机遇和挑战

党的十九大报告指出，农业、农村、农民问题是关系国计民生的根本性问题，必须始终把解决好“三农”问题作为全党工作的重中之重，实施乡村振兴战略。[①]2018 年 9 月，中共中央、国务院印发了《乡村振兴战略规划（2018—2022 年）》，大力实施乡村振兴战略。2021 年 3 月，中共中央、国务院发布了《关于实现巩固拓展脱贫攻坚成果同乡村振兴有效衔接的意见》，明确了重点工作。脱贫攻坚与乡村振兴有效衔接是以习近平同志为核心的党中央为实现乡村高质量发展作出的重要战略部署，是建成社会主义现代化强国的必由之路。两者的“有机衔接”有其特殊的时代意义，不但为乡村谋划发展方略，也为乡村教育带来了新的发展机遇和挑战。

（一）脱贫攻坚与乡村振兴的有效衔接是新时期乡村教育发展的重要路径

教育是减缓贫困最根本、最持久的力量，是阻断贫困代际传递最有效的措施，脱贫攻坚与乡村振兴都将“优先发展教育事业”作为核心内容，通过优质教育培养乡村振兴的建设者和开拓者，推动新时期乡村教育快速发展。

1. 脱贫攻坚到乡村振兴战略的重心转移是乡村教育变革发展的新起点

随着脱贫攻坚的全面决胜、乡村振兴战略的全面推进，战略重心转移同样也带动了乡村教育发展重心的转变。一方面，作为脱贫攻坚“五个一批”部署之一的“发展教育脱贫一批”，其目的是通过教育增强贫困乡村地区贫困学生的脱贫能力，从根本上消除绝对贫困。国家通过教育经费倾斜的方式，大力改善贫困地区的办学条件，快速补齐教育发展短板，同时建立健全学生资助体系，采取精准帮扶让贫困家庭子女不因贫失学，提升教育脱贫能力。另一方面，作为乡村振兴战略“五大振兴”工作部署之一的“人才振

① 习近平强调，贯彻新发展理念，建设现代化经济体系［EB/OL］. 新华网（2017-10-18）http：//www.xinhuanet.com/politics/19cpcnc/2017-10/18/c_1121820551.htm.

兴”，其目的是为乡村振兴强化人才支撑。人才培养靠的是教育，在脱贫攻坚基础上，激发乡村的内生发展动力，进而促进各级各类教育尤其是职业教育的高质量发展，为乡村振兴厚植人力资本。① 由此，乡村教育发展重心的转变主要表现为：教育功能由教育脱贫转向教育振兴乡村，教育目标由保障教育数量逐步转向保障教育质量，乡村学校治理的范围也进一步扩大，政策倾斜也逐步转向激发乡村学校的内生动力为主。

2. 脱贫攻坚到乡村振兴的有效衔接有助于推动新时期乡村教育的全面振兴

脱贫攻坚与乡村振兴在规划时间上的短长结合、目标上的前后相继、对象上的融合统一、任务上的递进互补、政策上的延续对接奠定了二者有效衔接的基础，乡村振兴从来都不是另起炉灶，推进二者有机衔接，有助于巩固和利用脱贫攻坚成果，推动乡村教育的全面振兴。② 一方面，两者的有效衔接有助于构建乡村教育发展的长效机制，有助于遏制教育的短期化偏向，实现乡村教育的长效发展。脱贫攻坚是“突击式”作战，采取精准扶贫、精准脱贫措施，都是在短期内集中资源攻克乡村教育短板。而乡村振兴则是长期发展规划，更加强调激发乡村内生发展动力，着力解决城乡教育发展不均衡问题。另一方面，两者的有效衔接有利于统筹城乡教育发展，推进乡村教育治理的现代化。脱贫攻坚与乡村振兴是党和国家在尊重教育规律的基础上，举全民之力共同促进城乡教育发展的重要战略，是在消除绝对贫困的前提下，继续全面脱贫实现贫困问题“标本兼治”。将脱贫攻坚所获成效与乡村振兴有机结合，有助于调动中央和地方共同构建城乡教育治理体系，促进教育治理能力的现代化。

（二）乡村振兴带给新时代乡村教育的发展机遇

新时代，党和国家高度重视乡村教育的发展，对乡村教育赋予很高的期

① 杜尚荣，刘芳 . 乡村振兴战略下的乡村教育：内涵、逻辑与路径［J］. 现代教育管理，2019（9）：57—62.

② 杜尚荣，朱艳，游春蓉 . 从脱贫攻坚到乡村振兴：新时代乡村教育发展的机遇与挑战［J］. 现代教育管理，2021（5）：（2—3）.

望，在脱贫攻坚与乡村振兴的重大决策部署中，都把乡村教育摆在优先发展地位。乡村教育应紧紧围绕脱贫攻坚与乡村振兴战略的总要求，抓住发展机遇，努力实现乡村教育的全面振兴。

1. 脱贫攻坚到乡村振兴的顶层设计给乡村教育发展提供了政策引领

随着乡村振兴战略的实施，政府颁布了一系列政策文件，扫清了乡村教育发展障碍，为乡村教育发展带来了重大机遇。

一是"战略"重心转移为乡村教育的整体规划指明方向。战略重心的转移带动了乡村教育整体发展规划的重要转变，由原来的教育脱贫升级到教育振兴，最终实现城乡教育的一体化发展，这标志着乡村教育即将步入新的发展阶段。新时代乡村教育将构建"志智双扶"与"教育振兴"相互融合，关注乡村均衡发展和高质量发展，突出强调乡村教育的育人价值功能，注重乡村教育的高质量发展，促进城乡一体化，凸显教育振兴乡村的经济功能、文化功能。

二是持续针对乡村建设的倾斜政策为解决乡村教育发展难题提供支持。教育优先发展的战略地位，必然让乡村教育得到政府的高度重视，其发展也能得到更多的政策支持。为解决深度贫困地区教育观念落后、教育基础设施薄弱、教育资源严重匮乏等难题，中共中央、国务院印发了《教育脱贫攻坚"十三五"规划》，教育部、国务院扶贫办印发了《国家乡村振兴战略规划（2018—2022 年）》《深度贫困地区教育脱贫攻坚实施方案（2018—2020 年）》等一系列重要政策文件，政府从政策支持层面推出了持续性针对乡村建设的倾斜政策，建立健全乡村教育扶贫制度体系。

2. 脱贫攻坚到乡村振兴的具体措施为乡村教育发展创设了基本条件

从脱贫攻坚到乡村振兴，通过精准扶贫、易地扶贫搬迁、产业扶贫等一系列针对性措施，建立了完备的教育资助体系，完善了公共教育基础设施建设，从根本上保障人人有学上，为新时期乡村教育的发展创设了基本条件。

一是精准扶贫脱贫通过"控辍保学机制"保障乡村教育机会公平。精准教育扶贫，做好控辍保学，实现义务教育有保障，是落实“两不愁三保障”底线目标的重要抓手。自实施精准扶贫以来，政府采取一系列控辍保学措施，因贫失学的学生大幅度减少，截至 2020 年 9 月 15 日，全国义务教育阶段辍学学生由 2019 年的 60 万降至 2419 人，其中建档立卡贫困家庭辍学学生已全部清零。① 基本实现了义务教育有保障的目标。

二是通过易地扶贫搬迁，集中力量促进乡村教育资源优化整合。易地扶贫搬迁是决胜脱贫攻坚采取的超常规举措。“十三五”期间，全国累计投入各类资金约 6000 亿元用于扶贫搬迁安置工作，960 多万建档立卡贫困群众乔迁新居，同时配套新建或改扩建幼儿园和中小学校 6100 多所。② 这为贫困地区教育发展提供了良好机遇。一方面，通过精准易地扶贫搬迁，设立安置点，将生态脆弱地区的贫困人口集中，给集中办学奠定了生源基础。另一方面，集中教育资源，有助于学校合理布局，改进乡村义务教育阶段学校的办学条件，增强办学能力和水平。

3. 脱贫攻坚到乡村振兴的行动经验为乡村教育发展奠定了实践基础

党的十八大以来，我国在全面决胜脱贫攻坚与实施乡村振兴战略的过程中积累了大量行动经验，从思想、行动和整体规划上为接下来的乡村教育发展奠定了实践基础。

一是激发乡村内生动力的经验为乡村教育内生发展提供借鉴。新时期乡村教育要发展，不能单靠国家政策倾斜、社会帮助等外部力量的支持，而应当注重激发乡村教育的内生发展动力，推进乡村教育可持续发展。③ 要充分唤醒乡村教师的主体意识，通过职称、绩效工资、荣誉制度等调动教师积极性、主动性、创造性，赋予教师充分的教育教学自主权，发挥其在乡村教育

① 我国义务教育有保障目标基本实现［EB/OL］. 人民网（2020-09-24）.http：//www.gov.cn/xinwen/2020-09/24/content_5546570.htm.

② 国务院新闻办就易地扶贫搬迁工作情况举行发布会［EB/OL］. 中国政府网（2020-12-03）.http：//www.gov.cn/xinwen/2020-12/03/content_5566758.htm

③杜尚荣，朱艳，游春蓉.从脱贫攻坚到乡村振兴:新时代乡村教育发展的机遇与挑战[J].现代教育管理，2021（5）：4—5.

中的主体性作用，提升乡村教师的岗位吸引力。

二是借鉴“精准”扶贫做法，明确乡村教育发展的行动方略。在脱贫攻坚的实践中，精准做法贯穿扶贫的全过程，形成了一套完备有效的经验，有效应对了扶贫工作中的“扶持谁、谁来扶、怎么扶、如何退”等关键问题。新时期乡村教育的发展，也要延续精准做法，对乡村教育中遇到的问题精准识别、精准分类，甄别所遇问题的原因，找到解决问题的办法，对症下药，优化教育资源，实现资源精准滴灌，有针对性地解决乡村教育发展存在的问题。

（三）乡村振兴带给新时代乡村教育的多重挑战

从脱贫攻坚到乡村振兴战略的重心转变，既给乡村教育带来了重大的发展机遇，同时又赋予了乡村教育诸多挑战。

1. 学龄人口变动的挑战

乡村振兴为乡村发展描绘了广阔前景。但是一段时期内，乡村人口中学龄人口分布密度和聚集程度仍处于动态变化中。我国城镇化水平正在稳步提升阶段，大量乡村人口向城市聚集，如何有效配置教育资源，既保证当前人口规模的基本教育需求，又能应对未来学龄人口的分布格局，是乡村教育发展规划过程中面临的决策难点。近年来，随着乡村学龄人口不断外流，人口密度进一步减小，乡村小规模学校和空壳学校数持续增加。在扩大教育资源以满足当前教育教学需要的同时，由学龄人口减少引起的资源浪费风险也在增加。

2. 革新乡村教育的发展理念的挑战

乡村振兴对乡村教育提出了新的发展要求，要求乡村教育要进一步利用现有资源，服务乡村发展。随着脱贫攻坚的全面决胜，乡村学校基础设施建设水平得到了显著提升，学校教育质量得到有效改善，但在资源的利用方面，乡村教育中现有教育资源并未发挥出应有的作用，多方支持力量未能形成合力，乡土教育资源的开发还有待进一步加强。此外，教育行政部门、乡村群众对乡土文化的认同不够，教师对乡土教育资源的开发能力不够，对乡土教育资源的敏感性以及开发利用程度低，不能有效培养学生对乡土文化的认同感，使乡村教育助力传承乡村文化难度很大。

3. 重塑乡村教育发展目标的挑战

夯实乡村振兴基础，亟须义务教育发展目标由“数量型”转向“质量型”。义务教育是保障全体学生基本素质养成的教育，为夯实乡村振兴发展的人才基础，乡村义务教育要由“有学上，能上学”的“数量型”发展目标向“上好学”的“质量型”发展目标转移。伴随脱贫攻坚决胜成功，乡村建设的重心也转向乡村振兴，在实现义务教育有保障的同时，也要求教育要适应乡村发展，培养有乡村情怀、能为乡村振兴做出贡献的高素质人才。基于乡村教育现有发展基础，要实现乡村振兴的人才培养目标，还需要重塑乡村教育，面临较大挑战。

4. 重建乡村教育治理体系的挑战

乡村教育治理现代化是实现乡村教育现代化的重要举措，党的十九届四中全会明确指出，要进一步加快推进国家治理体系以及治理能力的现代化，这也对乡村教育治理提出了新的要求。乡村振兴战略是常态化推进，在教育治理上不能仅延续“精准短期治理”，也要转向“创新长效治理”，以为乡村振兴提供人才支撑。如何将短期治理转化成中长期治理，巩固现有成效，实现创新长效治理存在较大难度。为提升治理效能，乡村教育要由“政府管理为主”转向“多元主体共治”，也面临着乡村教育多元主体共治权责分界模糊、保障机制不健全、激发多元主体活力有难度等挑战。

5. 重构乡村教育发展模式的挑战

乡村振兴带动了乡村经济社会发展的转型，由此促进了乡村教育发展模式的变革。乡村振兴需要深层次挖掘乡村振兴的内生发展动力，在教育上的发展模式也要转向“内部造血式”。由于制度惯性，乡村教育发展容易依赖政府扶持，缺乏自主发展意识和动力，激发乡村教育内生发展动力，实现乡村教育的“内部造血式”发展存在一定挑战。受编制紧缩政策和教师职业决策模式的影响，在较长一段时间内，乡村教师数量短缺、结构失衡的矛盾仍将难以解决，这也会严重制约乡村教育的“内部造血式”发展。

第二节　乡村教育振兴的内涵与路径

乡村教育是中国教育的短板，也是推进教育现代化和建设教育强国的最大阻碍。加快乡村教育振兴，具有重大的实践价值和现实意义。

一、乡村教育振兴的内涵与本质

准确理解和把握乡村教育振兴的内涵与本质，是乡村教育振兴研究的逻辑起点，是探索乡村教育振兴路径与对策的前提和关键。乡村教育振兴是乡村振兴的衍生概念，主要包括教育设施的改善与提高、教育体制机制的优化与变革、教育理念的更新与升级、乡村教育质量的提升等。乡村教育振兴以乡村教育治理体系和治理能力现代化为主要标志，以实现乡村学生全面和自由发展、办好人民满意的教育为目标。

（一）乡村教育振兴是乡村振兴战略的“子工程”

《乡村振兴战略规划（2018—2022 年）》明确提出，要优先发展乡村教育事业，提升乡村教育质量。要统筹推进乡村教育振兴和教育振兴乡村工作，把乡村教育融入乡村建设行动，建立农民参与的乡村教育推进机制，办好以学生为本的乡村教育。① 乡村教育振兴是乡村振兴的重要支点，乡村振兴战略的实施，基础在教育，乡村振兴的实现最终要靠人才，而人才的培养要靠教育，振兴乡村教育可以为乡村振兴提供人才和智力支撑。乡村教育振兴需要立足乡村振兴的大背景，从国家和战略层面研究制订乡村教育振兴的发展

① 乡村教育振兴靠什么［EB/OL］. 中国教育新闻网（2022-02-16）https：//baijiahao.baidu.com/s ？ id=1724883295333160213&wfr=spider&for=pc

计划，引导优质教育资源向乡村有序流动，用优质教育为乡村振兴注入更多发展动能。[①]

（二）乡村教育振兴是教育现代化重要组成部分

从教育系统内部来看，乡村教育振兴是我国教育现代化和教育全面振兴的重要组成部分，是城乡教育均衡和一体化的升级版。长期的历史积淀和乡村教育的天然劣势，导致乡村教育长期无法获得优质教育资源，通过扶贫攻坚，乡村学校硬件设施已经得到很大改善，但乡村学校经费分拨不足、学龄人口流失、优秀师资匮乏、教师整体素质不高仍使得乡村教育教学质量堪忧。乡村教育振兴意味着乡村教育的全面提升，意味着乡村教育要实现内涵式发展和内在深度变革。

人的现代化是乡村教育现代化的核心，乡村教育振兴的终极价值判断是实现乡村儿童全面和自由的发展，实现潜能的激发和生命价值的显现。乡村教育振兴迫切需要教育理念的更新与升级，要打破唯分数论、唯成绩论的教育观和人才观，树立起培养德智体美劳全面发展的“全人”教育理念，重视生活即教育，自信地发现和挖掘乡村环境拥有的有利学生全面发展的得天独厚的教育资源。相比教育的方式、方法和载体，教育的目标、主题和内容更重要。乡村教育振兴更是如此，必须采取不同的方法和手段，面向不同的群体提供教育服务，培养乡村振兴需要的人才，逐渐形成充满活力、富有效率、更加开放、有利于科学发展的乡村教育制度体系。

二、乡村教育振兴的基本原则

乡村教育振兴应根据乡村振兴的战略需要，结合乡村教育的现实困境，统筹设计、整体规划。乡村教育振兴应坚持系统性、开放性和统整性原则。

① 戚万学，刘伟．乡村教育振兴的内涵、价值与路径［J］．国家教育行政学院学报，2020（6）：22—29.

（一）乡村教育振兴的系统性原则

系统论要求考察系统的整体性，而且要在其与部分、层次、结构、功能、环境的相互关系中来考察其整体性，只有把整体与部分有机结合起来才能真正地认识系统。[①] 历史证明，乡村教育的发展演变一直与经济社会发展和历史变迁息息相关，有什么样的现实社会就会催生出什么样的教育工具。在全面实现小康社会和社会主义现代化建设的新时期，乡村教育同样从属于社会大系统。乡村教育发展框架要融入乡村振兴战略的有机生态系统，整体思量、布局乡村教育振兴与乡村振兴战略在新时代背景、历史使命、社会物质资源、社会心理期待等多维度的融合。要从系统性出发，将乡村教育问题置放于新时代的整个社会背景之中，关注乡村教育的系统属性，并且把握系统间各要素的互动生态关系。

（二）乡村教育振兴的开放性原则

耗散结构理论认为，封闭系统只可能走向无序（退化），只有开放系统才可能走向有序（进化）。[②] 以往乡村教育安于自身“弱”“小”“贫”的定位，在一个相对封闭的系统内循环，乡村教育发展和变革十分滞后和缓慢。随着新时代的到来，乡村振兴战略的推进，乡村教育需要直面当前复杂的外部挑战和内部困境，以开放的心态拥抱变革，对陌生情境进行探索、发展和创造。乡村教育主体应具有开放的教育理念，不拘泥于“离农”还是“为农”的理念分化和选择，而是根据当地自然资源、人文资源、历史资源等客观条件选择适宜的教育理念发展乡村教育。教育层次应具有开放性，基础教育、职业教育、高等教育、成人教育都应纳入其中，并以开放心态促进各级各类教育的融通。教学组织形式应具有开放性，班级授课、个别教学、分组教学、导师制、开放教学、现场教学等不同教学组织形式与乡村教育的深度

① 常绍舜．从经典系统论到现代系统论［J］．系统科学学报，2011（3）：1—4.

② 付臻，吴迪龙．基于耗散结构理论视角的教育生态系统特征及其表现模态论析［J］．江淮论坛，2017（5）：145—149.

融合，都可为发展乡村教育所用。教育环境应具有开放性，乡村教育不局限于学校，要联通乡村学校与乡村社会，让乡村社会的传统文化、血亲纽带为学校所用，同时让学校成为乡村社会文化建设、文化传承以及文化活动的中心，形成以乡村学校为中心的乡村社会。①

（三）乡村教育振兴的统整性原则

统整性强调包容性、阶段性和发展性，不局限于对个别事物和个别属性的感知，而是用整合联系的理念不断超越已有历史成果。乡村教育振兴需要以统整性原则为指导，以大教育观推进乡村教育改革，吸纳整合全社会的力量，多元主体共同建构，多渠道支撑发展。乡村教育振兴需要自上而下的政策贯通，充分发挥政策合力，既需要国家层面在政策、经费等方面给予强有力的支持，也需要地方层面配套具体的实施意见和实施方案，还需要学校层面细化操作实施细则和全面落实。同时，需要争取企业和教育同行对乡村教育的关注，为乡村教育振兴提供资金和智力支持，形成具有社会共识的教育合力。互联网普及和以“国家智慧教育公共服务平台”为代表的各类优质在线学习资源，让优质教育资源触手可及，也为乡村教育教学内容、教学方式变革提供了多样性资源和技术支撑。乡村教育振兴要充分发挥信息技术和海量资源的支撑作用，尝试“互联网 + 乡村教育”多种可能模式，跨越地域限制，整合资源、凝聚共识，借助现代信息技术，支撑乡村教育实现跨越式发展。

三、乡村教育振兴的逻辑与路径

乡村教育振兴是一项系统工程，需要政府、学校、家庭和社会等多元主体参与、相互配合、彼此联动、形成合力，形成乡村教育发展利益共同体。在乡村学校硬件办学条件基本均衡之后，乡村教育发展的“软件”即教育体

① 陈时见，胡娜．新时代乡村教育振兴的现实困境与路径选择［J］．西南大学学报（社会科学版），2019（3）：69—74.

制机制改革、教育理念的升级、教师整体素质的提高、学校内部潜力的挖掘、教育教学质量的提高，就成为决定乡村教育质量的关键。[①] 乡村教育振兴需要紧紧围绕加快推进教育现代化的主线，立足于乡村教育实际，以保公平、重内涵、提质量、促振兴为主题打出乡村教育振兴的组合拳，推动乡村教育高质量发展。

（一）乡村教育振兴与乡村振兴协调发展

乡村振兴战略为乡村教育的发展与振兴提供了前所未有的战略机遇和条件保障。乡村教育振兴离不开乡村振兴场域的支撑，需要乡村的大变革和大转型，需要城乡融合发展来推动城乡在工业化、城镇化、信息化方面同步发展，任何只从乡村教育本身出发而忽略整个乡村振兴的做法，都无法从根本上振兴乡村教育。乡村教育匹配于乡村经济发展对人才的需要，为乡村经济发展提供人才供给，乡村经济的发展又为乡村教育事业发展提供经济保障，乡村经济与乡村教育是互为动力关系。[②] 探讨乡村教育问题需要从系统性出发，将其置放于新时代的整个社会背景中，关注乡村教育的系统属性，并且把握系统间的互动生态关系。要统整考虑乡村教育振兴与乡村振兴，积极探索乡村教育振兴与乡村振兴共融共通的发展模式与机制，从经济社会发展的整个视域和进程中对乡村教育进行合理定位，通过建立城乡深度融合发展的政策体系和体制机制带动和促进乡村教育发展。[③]

（二）全面深化教育体制机制改革

全面深化教育体制机制改革是乡村教育振兴的必然，也是破解乡村教育振兴难题的关键。一是，要打破城乡分离、分治的制度壁垒，统筹城乡教育管理制度，实行城乡教育规划、发展、管理一体化，促进城乡教育双向融

① 戚万学，刘伟．乡村教育振兴的内涵、价值与路径［J］．国家教育行政学院学报，2020（6）：22—29.

② 陈时见，胡娜．新时代乡村教育振兴的现实困境与路径选择［J］．西南大学学报（社会科学版），2019（3）：69—74.

③ 杜尚荣，刘芳．乡村振兴战略下的乡村教育：内涵、逻辑与路径［J］．现代教育管理，2019（9）：57—62.

通、共同繁荣。二是，要改革和创新经费拨付制度，打破城乡教育差序发展格局，提升乡村教育经费统筹层次，由县级财政统筹向市级、省级统筹和中央转移支付为主转变，并针对乡村学校特点基于差异补偿原则，加大财政补偿力度，加快解决乡村教育资源投入不足的历史欠账，缩小城乡教育差距。三是，要回应民众“上好学”的需求，从一般意义上的教育公平向有质量的公平转变，注重师资、办学质量等内涵建设的提升，办人民满意的乡村教育。四是，加快推进教育治理体系和治理能力现代化，“问题解决式”治理与“愿景引导式”治理并举，完善政府依法宏观管理、学校依法自主办学、社会有序参与、各方合力推进的教育格局，健全党委政府领导、部门协调负责、学校责权统一的教育保障制度，推动教育治理民主化、法治化、科学化以及效率化，确保乡村教育振兴的各项政策能够落地落实。

（三）增强乡村教育振兴的内驱动力

乡村教育振兴不能一蹴而就，更不能绕过内涵式发展。内涵式发展注重挖掘学校内部潜力、增强学校实力和竞争力、提高教育教学质量、提升办学效益及其知名度和美誉度的内生化精细化发展。① 一是，要落实乡村中小学办学自主权。落实人事工作自主权，落实副校长聘任、学校内设机构的设置和中层管理人员聘任、教师招聘、职称评聘、绩效工资分配“五个扩大”；落实学校教育教学自主权，鼓励学校基于办学理念和特色构建校本课程体系，鼓励教师探索符合学校和学科特点的教育教学模式。二是，要调动乡村学校校长、教师积极性。积极落实校长职级制，突出校长的专业性，按照业绩、能力评定相应职级，建立“教育家办学”的激励机制和政策导向，调动校长办学积极性；深化中小学教师职称和考核评价制度改革，适当提高中小学中级、高级教师岗位比例，畅通教师职业发展通道。三是，要化解乡村教师现实及未来人才资源需求困境。积极探索师范校、师范生对口帮扶机制快

① 马佳宏．义务教育学校内涵发展：时代需要与方略构想［J］．教育与经济，2018（6）：3—8.

速改善人才缺口；以特岗教师、交流（轮岗）教师为带动，积极开展校本教学团队建设，改善供给提高质量；实施本土化定向培养，建立激发本土化人才投身教育的整体文化，彻底改善乡村教师的供给侧，支撑乡村教育可持续发展。[①]

（四）重塑乡村教育的文化自信

乡村教育的根本目的是促进乡村学生的发展，使学生能够立足于现实，从而更好地融入生活、创造生活和享受生活，而不是成为城市与乡村的双重边缘人。[②]乡村教育是融育人、文化传承、技能研习为一体的大教育，乡村教育振兴需要立足于乡村生活，打造更加凸显乡村特色化、小规模、高效益的乡村教育。一是，要加快乡村振兴的步伐，实现乡村教育与乡村产业统筹发展，推动乡村产业优化升级，让乡村的孩子们切实感受到乡村发展的广阔未来和美好图景，把热爱家乡、建设家乡作为自己的精神信仰。二是，要突出乡土特色与乡土情怀，彰显乡村教育的独特价值。支持乡村学校挖掘乡村生活特点及文化底蕴，挖掘乡土文化、构建乡土教材，丰富课程内容来源。三是，充分发挥高校和政策研究者的引领作用，以及本土民间手艺人乡村文化元素，探索多样化、常态化校园文化建设和乡土文化活动，帮助学生扩宽知识面、接受乡土文化熏陶，培养“爱农、知农、强农”的建设者和接班人。

① 陈时见，胡娜．新时代乡村教育振兴的现实困境与路径选择［J］. 西南大学学报（社会科学版），2019（3）：69—74.

② 陈雯婧，汪建华．论乡村教育价值取向之“离农”与“为农”的悖论［J］. 海南师范大学学报（社会科学版），2021（02）：73—78.

第二章

乡村教育振兴与校长教师队伍建设

党的十九大提出要实施乡村振兴战略。乡村问题已成为全面建成小康社会的重点、短板和弱项，其中，提高乡村教育质量更是解决乡村问题的重要突破口。通过多年的经费扶持、政策倾斜，乡村教育发展已经取得了巨大成就。然而，近年来仅靠经费和政策等外部支持的乡村教育发展似乎遇到了瓶颈，乡村学校人才流失、生源不足、办学质量不高等问题仍然持续存在。加强校长教师队伍建设，寻找乡村教育发展的新动能，成为进一步提高乡村教育质量的关键。

第一节　辽宁省乡村中小学教师队伍建设情况

为深入了解我省乡村中小学教师队伍建设情况，按照辽宁省教育厅《关于开展乡村教师队伍建设情况调研的通知》安排，辽宁教育学院组成调研组于 2020 年 11 月到铁岭市（开原市三家子乡、铁岭县阿吉镇）、营口市（大石桥市高坎镇、盖州市沙岗镇）、葫芦岛市（绥中县、兴城市）开展专题调研，全面了解我省乡村教师队伍建设的基本情况与主要问题。

一、辽宁乡村中小学教师队伍基本情况

乡村教师在提升乡村教育水平，保障每个乡村孩子都能接受公平、有质量的教育，从根本上阻止贫困代际传递中发挥了重要作用。建设一支稳定的乡村教师队伍是当前乡村教育的政策重点。辽宁省紧紧抓住乡村教师队伍建设的突出问题，定向发力、精准施策，着力打造一支热爱乡村、数量充足、素质优良、充满活力的乡村教师队伍。

（一）乡村教师队伍的基本构成

调查显示，乡村中小学教师总量上缺编，同时也存在结构缺编的问题；教师学历均达标，本科学历在 60% 以上；乡村教师年龄老化，51 岁以上教师接近 40%；教师职称比例不当，高级教师比例达到 70% 左右。

（二）乡村教师的补充方式

针对乡村教师短缺问题，地方政府不断拓宽乡村教师补充渠道，主要通过面向社会公开招聘教师、教育部直属师范大学和省属师范大学“直招”“特岗计划”等方式，不断为乡村学校补充师资。

（三）结构性缺编的缓解方式

各级政府通过多种方式补充乡村教师，各地乡村教师短缺问题得到有效缓解，目前乡村教师短缺以结构性缺编为主，主要是英语、地理、生物、体育、音乐、美术、信息技术等学科教师短缺。为缓解乡村中小学教师结构性缺编问题，除了公开招聘、“特岗计划”和教师交流等措施外，依然有小部分学校以校聘代课教师的方式缓解结构性缺编问题。

（四）乡村中小学教师减员情况

乡村教师减员主要有自然减员、调出和辞职三种情况。自然减员是教师到龄退休。调出或辞职主要因教师户籍不在本地，由于长期两地生活，工作和生活上存在较大困难，所以主动提出调出或辞职。2016 年以来，营口市乡村中小学教师自然减员 1226 人，调出 80 人，辞职 32 人；葫芦岛市乡村中

小学教师自然减员 1734 人，调出 259 人，辞职 31 人。

（五）周转宿舍建设与使用情况

调研的三个市中，铁岭市和葫芦岛市已经建成并使用了周转宿舍，营口市尚未建设周转宿舍。已建成的周转宿舍中，建设标准不统一，有的运转情况良好，有的宿舍没有充分利用。特别是随着近年来交通越来越便利，教师生活水平逐步提高，很多教师在市区和县城购置楼房并购买了家用汽车，日常通勤人数增加。在铁岭市铁岭县，目前仅有位于东部山区的鸡冠山乡、白旗寨满族乡的教师周转宿舍还在为近 80 名外地或通勤较远的教师服务，其余学校的周转宿舍基本处于闲置状态。

（六）乡村教师继续教育情况

近年来，国家、省、市、县（区）不断加大对乡村教师的培训力度，投入专门资金，设立培训专项。各地也不断创新培训方式，多以混合研修方式开展教师培训，在一定程度上克服了教师的工学矛盾。因受资金、交通等客观条件的影响，各地培训开展的情况各不相同，乡村教师接受培训的机会较少，部分地区由于经济发展水平有限、教师培训经费不足、教师培训缺少针对性、培训内容单一、教师自身态度不积极等原因，导致教师在职培训效果不理想。

二、乡村教师队伍建设有关政策落实情况

近年来，国家层面和辽宁省级层面高度重视乡村教师队伍建设问题，密集出台了多项政策，切实保障乡村教师各项待遇，稳定乡村教师队伍，提高乡村教师总体素质。

（一）推进落实“县管校聘”管理体制改革，促进县域教育均衡发展

各地根据《关于推进中小学教师“县管校聘”管理制度改革的指导意见》（辽教发〔2018〕67 号）精神，积极出台市本级配套文件，并把此项工作纳入市级绩效考核指标。在推进过程中，受有关制度的限制，“县管校聘”

工作还无法深入开展。

（二）开展教师交流轮岗，合理优化师资配置

根据省教育厅、财政厅、人社厅联合下发的《关于推进县（市、区）域内义务教育学校校长教师交流轮岗的意见》（辽教发〔2014〕159号）精神，各市实施义务教育学校校长教师交流轮岗，并将校长教师交流工作纳入省政府考核各市政府、市政府考核县（市）区政府的绩效指标，义务教育学校的校长、教师交流轮岗已成为制度化、常态化的工作。从2014年开始，全省推进校长教师交流轮岗，2018年全域推进"县管校聘"改革，采取定期交流、集团化办学、学校联盟等多种方式，重点引导优秀校长和骨干教师向乡村学校流动，将中小学教师到乡村学校、薄弱学校任教1年以上的经历，作为申报高级教师和特级教师的必要条件，先后有6万名校长教师进行轮岗交流。

（三）落实乡村教师差别化补助，保障乡村教师待遇

2019年4月辽宁省教育厅、辽宁省财政厅印发《关于在我省实行乡村教师差别化补助政策的实施意见》（辽教发〔2019〕51号），省政府将落实乡村教师差别化补助政策纳入"十大民生实事"强力推进。为了让乡村教师的待遇得到更好保障，全省年均发放补助资金近4亿元，惠及10.6万名乡村教师。各市积极出台配套政策进行落实，营口市、葫芦岛市、铁岭市乡村教师差别化补助都已发放到位，人均不低于3600元。乡村教师差别化补助政策为鼓励和吸引优秀人才到艰苦边远地区长期从教、推动义务教育均衡发展发挥了重要作用。

（四）推动落实班主任津贴，完善教师收入分配激励机制

各市积极落实省委省政府《关于全面深化教师队伍建设改革的实施意见》（辽委发〔2018〕35号）精神，制定配套文件，明确市本级和各县（市）区根据实际情况安排中小学班主任津贴专项资金，津贴标准每月不低于300元。调研的三个市已全部落实到位，对调动班主任工作积极性发挥了重要作用。

（五）落实职称评聘向乡村教师倾斜的政策，畅通教师发展渠道

根据省委、省政府《关于全面深化新时代教师队伍建设改革的实施意见》（辽委发〔2018〕35号）和省教育厅、省人社厅《关于做好当前中小学教师职称评审有关工作的通知》（辽教发〔2019〕63号）文件精神，各市已于2019年开始对符合“在乡村中小学任中级专业技术职务满10年，仍在教学一线任教，且任中级专业技术职务以来年度考核合格的中小学教师”开展高级教师职称评审工作。在职称评聘方面向乡村教师倾斜，不作论文、职称外语和计算机应用能力要求，全省3万多名乡村教师通过政策倾斜评聘高级职称，获得了更广阔的发展空间。

（六）建立长效机制，依法保障义务教育教师平均工资收入水平不低于当地公务员平均工资收入水平

各地积极出台保障义务教育教师工资待遇的有关政策，一是认真落实义务教育教师法定工资待遇，按国家规定执行事业单位岗位绩效工资制度的义务教育教师，其平均工资收入水平不低于学校所在地公务员平均工资收入水平；二是统筹考虑义务教育教师工资和公务员奖励性补贴；三是建立健全义务教育教师工资随当地公务员待遇调整的联动机制。

（七）加大培训力度，以更高标准提升乡村教师整体素质

按照“四有”好老师标准，辽宁省提高培训质量，提升乡村教师教育教学水平。完善省、市、县、校四级乡村教师培训体系，实施乡村教师素质提升工程，落实乡村教师5年360学时培训，建立100个乡村教师“影子”培训基地学校，组建1000名乡村教师导师团队，培训10000名乡村骨干教师。实施中小学教师信息技术应用能力提升工程2.0，全省中小学互联网接入率实现100%，90%的教师开通网络空间。建设教师智能研修平台，智能遴选、精准推送研修内容与资源，支持教师自主选学，为教师提供同步化、定制化、精准化的高质量培训研修服务。

三、乡村教师队伍建设存在的主要问题

由于乡村学校在经济、地理、文化等方面均不具有比较优势，许多教师仍然不愿意到乡村任教，乡村学校特别是艰苦偏远地区学校教师依然紧缺，乡村教师队伍建设任重而道远。

（一）乡村教师补充不足

乡村学校总体空编严重，补充不足，县城、乡村中小学校及教学点都存在靠代课教师来维持正常运行的现象。调查发现，由于教师自然减员和流失人数比较多，而补充人数较少，导致无论是县城学校还是乡村中小学校都存在空编缺人的现象。叠加部分老教师年龄大且身体状况较差而不能上课、女教师生二胎休产假、其他事业单位从教师队伍中借调高素质工作人员等各种因素，导致教师减员不能及时补充，不少学校教学岗位的教师严重缺乏，不得不外聘代课教师来维持正常运转。有些学校办学经费的 1/3 都用来外聘代课教师。因为没有合适的代课教师，即使只是看学生的人都难以找到，有些学校面临着无法开课的困境。

（二）乡村教师队伍老龄化问题突出

教师的年龄结构是否合理，关乎师资队伍的发展活力和教育整体水平的提升。近年来，各级政府通过多种渠道补充乡村教师，增加了年轻教师的数量，一定程度上优化了教师的年龄结构。但是由于既往乡村教师补充力度不够和乡村教师职业吸引力低等因素，最终在乡村学校留下的是已经在当地扎根的老教师，教师队伍老龄化现象严重。乡村地区尤其是山区地理位置偏僻，教师的专业发展和个人发展前景不占优势，教师的办公条件和生活条件比较恶劣，受这些不利因素的影响，乡村中小学教师队伍补充不畅，致使教师队伍青黄不接，中老年教师成为当前中小学校的“顶梁柱”。由于部分已经进入职业倦怠期的老教师无法退下讲台，导致年轻教师由于没有空编而无法进入，中小学教师尤其是乡村小学教师的年龄结构性断层问题比较严重。

国家出台高级职称女教师延迟到60岁退休政策后，以女教师占多数的乡村中小学教师老龄化现象更加严重。部分乡村学校50岁以上教师占比达到65%以上，教师年龄断层严重，未来几年随着老教师集中退休，部分学校将在3—5年后面临着无人上课的局面。

（三）乡村教师结构性缺编严重

由于教师数量短缺和乡村学校规模小、生源少的特点，为乡村学校配全配齐各科专任教师在实践层面面临诸多困境。音乐、美术、体育等专业的毕业生在专业课学习上投入了太多的人力、物力、财力，他们更希望通过工资来弥补投入的成本，乡村学校的工资待遇相比城市而言较低，很难吸引毕业生们去往乡村工作。大部分乡村学校英语、生物、地理学科教师严重缺乏，体、音、美、信息技术学科教师严重不足，为了开齐开全国家规定的课程，大部分学校的小科由其他学科教师兼任。小学教师由于身兼多门学科，导致工作量严重超负荷，小学班主任每人周课时数都在22节以上，全校教师周课时数平均超过16节，部分教师的课时数达到20多节。初中大部分教师跨学科兼任2门以上课程。英语、生物、地理、体育、音乐、美术、信息技术都是具有很强专业性的学科，非专业背景的教师兼任这些学科，其专业性在一定时期内很难保障，教师专业化水平难以在短期内得到有效提升，也影响了教育教学质量的提升。

（四）乡村教师职业吸引力不足

近年来，各级政府非常重视教师的专业发展，明确提出要保障教师的权利，提升教师的工资待遇和地位。各地积极落实义务教育教师平均工资收入水平不低于当地公务员平均工资收入水平政策，但是乡村教师待遇在整个社会职业体系中并不占优势，职业吸引力不足。同一省域内不同县区的乡村教师之间、同一县域城乡教师之间、同一学校不同身份的乡村教师之间的待遇都存在较大差异，这种“同工不同酬”现象也容易造成教师心理失衡。按照省级文件精神，大部分涉农县出台了地方性教师津补贴政策，但由于当地财政实力薄弱而落实困难，或以 200—500 元 / 月的较低标准执行，其象征意义远远大于实际意义。此外，乡村教师住宿、生活条件都较差，城乡之间医疗条件、子女入学资源等方面也存在着不可逾越的鸿沟。

（五）乡村教师队伍缺乏活力

“县管校聘”改革是落实中小学校办学自主权，进一步优化教师资源配置，调动教师队伍积极性和活力的有效措施。对照先进省市“县管校聘”管理体制改革的做法，我省推进改革存在很多现实制约因素。一是缺乏统一的课时量核定标准，导致实施“县管校聘”涉及的工作岗位数量无法准确核定。二是教师结构性矛盾突出，教师总体超编，总量富余，部分学科结构性短缺，没有明确的教师退出机制，实施“县管校聘”改革后落聘教师安置没有政策支持。三是女教师延迟退休带来的现实问题。因国家政策调整，女教师延迟到 60 岁退休，而实际上，大多数年龄超过 55 周岁的女教师虽然占岗，但该群体有一大部分是原来民办教师转正人员，教育教学的基本素质已不具备新时期新发展的需要，同时大多数教师也不具备完成满课时工作量的身体条件。

四、推进乡村教师队伍建设的基本策略

民族要复兴，乡村必振兴。教师是学校和乡村的灵魂，是乡村振兴的关键。教师不仅承担着教育乡村孩子成才的传统使命，还在乡村文明建设、乡村组织建设、乡村基层治理、乡村振兴等诸多方面肩负着重要时代使命，做好乡村教师队伍建设对推进乡村振兴具有重要的战略意义。

（一）将乡村教师队伍建设嵌入乡村振兴战略

在乡村振兴背景下，乡村教师承担着乡村产业人才培育者、乡村生态文明传播者、乡风文明守护者、乡村治理协助者和乡民生活改造领导者等社会

角色。[1] 为此，应将乡村教师队伍建设与乡村振兴战略协同推进，整体解决。一是在推动乡村振兴战略的过程中，以乡村教师队伍建设项目、工程及行动的方式，有针对性地解决乡村教师周转宿舍、住房、医疗、保障等问题。二是切实减轻乡村教师的非教育教学工作负担，为教师营造良好的环境，确保乡村教师潜心教书，静心育人，树立乡村教师“专业技术人员”的形象，维护乡村教师的职业尊严和合法权益。三是提升乡村教师的乡土文化认同和乡村社会责任意识，通过在职培训，提升乡村教师的政治素养和思想认识，培育家国情怀，提升参与乡村治理的意识和能力。

（二）按实际教育教学需求核定编制数量

在实行城乡统一的中小学编制标准的前提下，充分考虑乡村学校学生偏少、班额小的实际，要充分考虑学校辅助人员编制，设立小规模学校编制最低保障数，按实际需求核定编制数量。全力破解机构编制总量控制与教育事业发展用编需求日益增长的问题，针对区域之间、学校之间出现的结构性超编问题，建立编制动态调整机制，积极引入金融存贷理念，实行“零余编”管理制度，推动教师编制在区域之间、校际之间动态调整、循环使用。提升市域编制统筹力度，对依标足额核定编制后出现结构性超编又确需补充师资力量的县区，在确保事业编制“双不超”的前提下，按照“一事一议”原则，统筹调剂全市存量空编向“零余编”管理的县区下达编制使用计划，做到能放能收、动态活化，破解“无编可用”和“有编无用”并存的现实难题。

（三）全力保障教师工资待遇

工资待遇是教师最基本的生存需要，教师的工资要达到一定的标准才能让乡村教师愿意并留在乡村任教。一是地方政府要按照当地公务员标准给乡村教师发放年底一次性绩效奖、综治奖、文明单位奖等，切实保障教师平均工资收入水平不低于当地公务员平均工资收入水平。二是，出台乡村教师交

① 肖正德．论乡村振兴战略中乡村教师的新乡贤角色［J］．教育研究，2020（11）：135—143.

通补贴标准、午餐补贴标准、教师丧葬及抚恤标准，通过增加乡村教师的交通补贴、提高教师的教龄津贴、设立教育教学奖金等措施来提高教师待遇，调动教师工作的积极性。三是，建议乡村教师差别化补助在市本级统筹一定的比例，由各市级财政按省定标准 20% 的比例给本地区县（市）区拨付乡村教师差别化补助经费，或按省定标准给贫困乡镇的乡村教师拨付差别化补助经费，让乡村教师差别化补助政策得以更好地落地落实。四是，对有编制但却招不到合格教师的边远贫穷地区，应根据人力资源的市场定价，根据利益补偿原则，通过提高工资、晋升机会、住房和子女教育等方面的综合待遇水平，来提升岗位吸引力，保证有足够数量的优秀教师愿意在乡村地区长期从教。

（四）完善乡村中小学教师补充机制

在依托我省“特岗计划”招聘工作的同时，县（市）区教育局要结合本地区乡村中小学教师缺口的实际情况，不断完善教师招聘机制，制定优惠政策吸引本地师范专业生源，引导他们扎根家乡学校任教。建立健全城区中小学教师到乡村任教制度，深入推进县域内义务教育学校校长、教师交流轮岗，实行教师聘期制、校长任期制管理，推动城镇优秀教师、校长向乡村学校、薄弱学校流动。开展城乡结对，建立对口支援关系，增强支教教师工作责任感，提高支教效果，促进义务教育的高质量发展。加大乡村教师本土化培养力度，合理扩大乡村公费定向师范生培养规模，改革公费定向师范生培养、招聘模式，注重“一专多能”型乡村教师的培养，使公费定向培养师范毕业生成为义务教育阶段乡村教师补充的主渠道。

（五）加大乡村教师培训力度

完善培训制度，拓展乡村教师职业发展空间。一是，将乡村教师培训纳入乡村公共服务制度体系，依托地方师范院校大力开展教师培训，扩大乡村教师脱产培训的规模，使培训常规化、本地化。二是，要创新培训模式，解决乡村教师的工学矛盾，要深入到最基层的学校，带去教师最需要的理念、方法等具体的内容，提高培训的实效性。三是，要根据乡村教师的实际需求，提供有针对性的培训内容，实施“一校一培训”“一师一培训”，拓展乡村教师职业发展的空间，促进乡村教师可持续发展。

（六）激发乡村教师队伍活力

尽快实行中小学教师“县管校聘”改革。通过改革，确定学校与教师的人事契约关系，实现人事管理由身份管理向岗位管理转变，打破用人制度的终身制，真正建立人员能上能下、能进能出的竞争性用人机制，激发中小学教师队伍活力。建立循序渐进的老教师引退机制。对那些不能适应素质教育要求、且不能完成教学任务的老教师，在保障相关待遇的同时，采取转岗的方式，使其逐步退出教师编制。一方面可以鼓励引导身体条件允许的教职工积极参与校车、食堂、宿舍等社会化后勤管理工作；另一方面可以选派部分教师到社区或政府公益岗位工作，充实社区和公益岗位力量，减少政府购买服务支出，或组建社会志愿服务组织，发挥教师优势，开展文化服务、科普服务、关爱留守儿童等志愿服务活动，为精神文明建设贡献力量，从而空出岗位以引进新教师。

第二节　辽宁省“特岗计划”实施现状与优化建议

教师是教育发展的第一资源，是国家富强、民族振兴、人民幸福的重要基石。[①] 党和国家历来高度重视教师工作，将教师队伍建设摆在突出位置。为了加强乡村教师队伍建设，促进义务教育均衡发展，2006 年，教育部、财政部、人事部、中央编办下发了《关于实施农村义务教育阶段学校教师特设岗位计划的通知》教师〔2006〕2 号，通过特设岗位创新乡村学校教师的补

① 中共中央国务院关于全面深化新时代教师队伍建设改革的意见［EB/OL］中华人民共和国教育部（2018-1-20）http：//www.moe.gov.cn/jyb_xwfb/xw_zt/moe_357/jyzt_2018n/2018_zt03/

充机制。2011 年，辽宁省正式实施“辽宁省乡村义务教育阶段学校教师特设岗位计划”，并将 2007 年开始实施的“师范生乡村从教计划”纳入其中。课题组选择三个具有代表性的农村县进行了深入的专题调研，通过深度访谈，对“特岗计划”的政策设计、组织实施、改进策略和特岗教师群体的生存状态与现实困境进行了深入细致的调查。

一、辽宁省“特岗计划”的实施成效

辽宁省“特岗计划”实施以来，通过省级财政的大力支持，减轻了县区级财政压力，有效缓解了乡村学校教师总量不足、结构性缺编、老龄化的状况，及时为农村县（市）补充了大量新生力量，全省乡村教师的数量和质量都得到了大幅提升，有效推进了全省农村义务教育质量提升。

（一）吸纳了大批优秀教师到乡村从教

辽宁省“特岗计划”实施十年来，通过带编安置、学费补偿和贷款代偿的优惠政策，共吸引了 14630 名优秀教师到乡村从教，覆盖全省 44 个县（市）的 1011 所乡村中学和 3883 所乡村小学。“特岗计划”已成为我省乡村学校补充教师的主要途径。这些教师逐渐成为本地本校的业务骨干，有效改善了乡村教师的年龄结构、学历结构和学科结构，全省本科以上学历的乡村教师占比较 2015 年提升了 16.2 个百分点。这些新教师扎根乡村，为乡村中小学带来了新的教学理念和无限生机，他们正逐渐成长为乡村教育的中坚力量。

（二）“特岗计划”成为乡村教师招聘主渠道

对大多数财力不足的县区而言，师资补充往往依据县区政府财力状况而非根据实际教育教学需求补充和调配教师，“特岗计划”4 ∶ 4 ∶ 2 的资金分担比例，对于调动县级政府补充教师的工作积极性有很大的促进作用。辽宁省“特岗计划”实施之前，部分县（市）在招聘教师时都由县级人社部门统一组织，招聘考试的科目是行政能力测试和申论，招聘进来的教师有些不能完全符合教师岗位需求，影响教育教学质量，县级教育部门也无能为力。辽宁省“特岗计划”实施之后，明确了教育行政部门牵头负责“特岗计划”的组织实施和管理工作，有利于保障招聘的教师符合教师岗位需求。

（三）乡村教师队伍素质明显提高

辽宁省“特岗计划”实施之前，乡村中小学教师总量不足、结构性缺编、老龄化、总体素质偏低等状况非常严重。随着“特岗计划”实施，大批特岗教师到乡村中小学任教，新补充特岗教师本科及以上学历占68.7%，改变了乡村教师队伍原有的低学历结构；补充了英、音、体、美学科乡村学校紧缺教师5472人，占特岗教师总数的37.4%，有效缓解了乡村教师队伍结构性短缺；特岗教师的工作积极性普遍很高，个人素养和职业水平得到了校长、教师、学生和家长的普遍认可，提高了乡村教师队伍的整体素质。

（四）增强了乡村学校的生机和活力

大批年轻又有朝气的特岗教师来到乡村地区，在一定程度上激发了因青壮年外出打工而显得暮气沉沉的乡村地区的活力，也给乡村学校带来了生机和活力。特别是特岗教师上岗后，为乡村中小学带来了全新的教学理念和教学方法，带动了乡村学校对现代化教学技术的需求，推动了学校的教改、课改，各科课程上得生动有趣，乡村学校里的孩子们学习成绩突飞猛进。这些特岗教师深受乡村孩子和家长的欢迎，为乡村学校补充了新鲜血液，带来了勃勃生机，部分乡村中小学还出现了生源回流。

二、“特岗计划”实施的现实困境

辽宁省“特岗计划”实施十二年以来，通过省级财政的大力支持，减轻了县区级财政压力，有效缓解了乡村学校教师总量不足、结构性缺编严重、老龄化明显的状况，及时为农村县区补充了大量新生力量，全省乡村教师的数量和质量都得到了大幅提升，有效推进了全省农村义务教育的质量提升。与此同时，经过十二年的政策运行，在“特岗计划”自身的运行周期中和与其他政策的衔接、博弈过程中，呈现出一些新的问题和困境，需要从政策问题认定和政策执行评价的角度予以关注。

（一）部分超编县区无法及时补充特岗教师

2011 年出台的《辽宁省乡村义务教育阶段学校教师特设岗位计划实施方案》将全省 44 个县的农村义务教育阶段学校全部纳入“特岗计划”实施范围，除大连市外，其他各市所需资金按照省、市、县 4∶4∶2 的比例进行专项拨付。2016 年出台的《辽宁省乡村义务教育阶段学校教师特设岗位计划实施方案（2016—2020）》对原有的实施方案进行了一些调整：一是，实施范围由整体缺编和超编的县区调整为总体缺编的县区；二是，资金安排由原来的省、市、县三级按 4∶4∶2 比例分担，调整为学费补偿和贷款代偿资金由省财政全额进行专项拨付。

此项政策调整对各县区“特岗计划”的后续实施情况影响较大。一是，超编县区不再纳入“特岗计划”的实施范围，但这类县区教师结构性缺编和老龄化严重，现有教师无法满足实际教育教学需求，催生了新代课教师现象。二是，由于资金分担比例调整，缺编的县区虽然继续纳入“特岗计划”实施范围，但是市、县政府需要承担特岗教师的工资、福利待遇等，市、县政府受财力限制招聘特岗教师动力不足，“有编不补”现象时有发生。

访谈中，A 县教育局局长介绍，按照 2011 年“特岗计划”实施方案的要求，在总体超编的情况下，该县通过“特岗计划”补充了 129 人，极大地缓解了乡村教师短缺问题。但是随着政策调整，“总体超编的县区不让招聘特岗教师了，而且 4∶4∶2 的资金分担也没有了，这让县教育局补充新教师的工作非常被动，县里财力有限，已经两三年不进新教师了”。

（二）特岗教师没有延伸到村小和教学点

调查的三个县中，有一个县“撤点并校”后仅在各乡镇保留一所小学或九年一贯制学校，没有村小和教学点，另外两个县都保留了村小和教学点。但是，调查发现，三个县的特岗教师都集中在乡镇一级中心校，乡村教育的最底部、最薄弱、最需要教师的村小和教学点没有特岗教师。从目前的实施情况来看，“特岗计划”没有解决“最后一公里”问题，特岗教师没有延伸到村小和教学点。

这是多重因素叠加产生的必然结果。一是，乡村学校教师整体短缺严重。由于经济、社会、文化多重因素的制约，乡村学校一直处于资源分配的最底端，乡村学校教师队伍长期呈现老、弱、少的状态，新补充的特岗教师优先满足中心学校基本教学需求成为必然选择。二是，生活保障是需要考量的重要因素。乡镇中心学校地理位置、交通食宿相对方便，教师周转宿舍也多是建在乡镇一级中心校，出于特岗教师的实际生活需要和安全考虑，让特岗教师在乡镇中心校从教也是基层学校的现实选择。

调研组走访了B县某乡镇中心小学，该校有1个总校，下设4个村小和教学点。总校有530名学生，各个村小和教学点分别有110、66、50和9名学生。该学校一共分来2个特岗教师，1个是英语专业的，1个是美术专业的，都是在中心校任教，目前都是学校的（中心校）的骨干力量。谈及特岗教师没有下到村小和教学点的原因，郑校长告诉我们，“太缺老师了，尤其是缺年轻老师，作为中心校的校长，我肯定要优先保障中心校的教育教学需求，而且在中心校学生多，这些老师能影响的学生面也更大。”

（三）服务期满后特岗教师流失率比较高

调查发现，因返还学费和贷款以及落实编制政策的吸引，3个县区的特岗教师在服务期内的流失率很低。但是服务期满后，特岗教师流失率普遍升高，且在各县区甚至各乡镇学校之间存在显著差距。从县区层面来讲，A县在招聘特岗教师时限定了本县户籍或生源才能报考，B和C县特岗教师招聘没有户籍和生源地限制，服务期满后，A县的特岗教师流失率要明显低于B和C县。从县区内的地域分布来讲，距离县城或市区越远、条件越艰苦的学校，特岗教师流失率越高；距离县城越近、交通生活条件越便利的学校，特岗教师流失率越低。服务期满后，虽然大多数特岗教师仍在乡村学校任教，但是很关注各种招聘考试，流失意向很强。

通过对访谈材料的分析，特岗教师流失原因集中在以下三个方面：一是，教师发展空间问题。部分乡村学校教育教学活动缺乏活力，职称评聘不占优势，特岗教师的学习空间和上升空间受限。二是，交通往返成本问题。绝大多数已婚的特岗教师家住县城，从学校往返县城的交通费用和时间成本是导致特岗教师流失的一个重要因素。三是，学校生活条件问题。部分边远山区和贫困县区的乡村学校存在着教师生活配套设施跟不上，教师在校期间基本生活无法得到保障的问题。

访谈中，C 县教育局人事股股长张某介绍了该县特岗教师的招聘和流失情况。“从 2011 年至今，我县共招聘特岗教师 40 名，分布在 11 所乡村学校，截至 2019 年 3 月，仍在乡村学校任教的特岗教师有 27 名，调出原单位的有 10 名，调到外县区的有 3 名，由于北部边远山区条件艰苦，服务期满后，很多特岗教师会想尽办法调回县城学校任教。”

（四）教师转岗和跨学科教学与课时量过大并存

按照教育部“实施素质教育，开齐课程、开足课时”的要求，中小学各个年级必须开齐国家课程、地方课程和校本课程，小学三年级以上必须开设英语、信息技术课程，音乐、体育、美术、综合实践活动等课程也都需要专业对口的教师执教。但是调查发现，三个县的中小学音乐、体育、美术、英语、信息技术等专业教师严重缺乏，80% 以上的学校教师都存在一人兼教多学科、课时量大的现象。

教师总量缺口是特岗教师转岗和跨学科教学的决定性因素。特岗教师的招聘流程是，各个学校将教师需求情况上报所在县市，经由主管部门审批后制订招聘计划，考试合格后，考生可以依照成绩排名先后顺序选择任教学校，报到后具体工作则由所在学校安排。① 由于编制等限制，一些学校招收的教师并非实际所需，叠加乡村教师结构性短缺和老龄化因素，学校出于实

① 王符．辽宁省“特岗教师”生存状态问题与对策［D］．沈阳：沈阳师范大学硕士论文，2016：52.

际教学需求，会安排一部分特岗教师跨专业、跨学科教学。为满足实际教学需求，教师总量缺口较小的县区，特岗教师转岗和跨学科教学比例较低，而教师总量缺口较大的县区会更多地安排特岗教师转岗和跨学科教学。可见，教师总量缺口是特岗教师使用过程中是否存在转岗和跨学科教学的决定性因素。

B 县某乡九年一贯制学校校长王某介绍，该学校分来 2 个特岗教师，1 个是英语专业毕业，1 个是音乐专业毕业的，目前这两个老师都教语文、数学，并承担班主任工作。“这两个老师都是一到学校就是接手当班主任了，虽然经验欠缺一点，但是年轻、学习能力强，就边学边干吧。我们学校教师缺得太多了，好不容易来个新老师，肯定要尽量当班主任，老师年轻，孩子们也喜欢。”

（五）特岗教师面临交通、食宿诸多生活难题

调查发现，特岗教师主要集中在乡镇学校，距离县城较远，学校生活设施不完善，特岗教师无论是每天跑通勤还是选择住校，都面临诸多不便利。一般来讲，距离县城越近，跑通勤的比例越大，距离县城越远，住校的比例越大。一些学校建成了周转宿舍，但是仍有很多学校的特岗教师住在教工宿舍和学生宿舍，食宿条件十分不便。

交通、食宿是困扰绝大部分特岗教师的现实难题。一是，交通成本较大。特岗教师月平均工资为 3000 元，根据学校和县城的距离不同，通勤成本在 400—1000 元之间，占月工资的 13%—33%，这部分支出对特岗教师来说是较大的负担。二是，通勤时间成本巨大。特岗教师可选择的通勤方式包括：私家车、公交车、专线客车、火车等，大多数特岗教师每天的通勤时间是 2—4 个小时，尤其遇到雨雪天气，通勤时间会更长，过长的通勤时间让特岗教师牺牲掉了正常生活和休息的时间。三是，住校存在诸多不便，很多学校没有建成周转宿舍，特岗教师住校面临不能洗澡、不能上网、不能做饭甚至不能取暖等问题。

调研组在C县某乡镇中心小学的教师宿舍见到了特岗教师徐某，已婚，家住在县城。徐某介绍："跑通勤每个月至少需要700元，我现在每个月工资就3000元，家里经济条件一般，需要还房贷，跑通勤成本太高了，我只能选择住校。"徐某的宿舍里只有床铺和衣柜，水电线路老化，宿舍里不能做饭，只能一日三餐吃食堂或者自己弄点儿面包饼干。

（六）特岗教师承受婚恋、家庭等巨大压力

特岗教师的年龄分布在23—40岁之间，新招聘的特岗教师年龄基本在23岁左右，2007年招聘的第一批特岗教师年龄最大的已经40岁，正处于恋爱、结婚、生子的年龄段。访谈中，特岗教师对于情感和婚恋问题反应比较激烈，更有1/3的女教师在谈及此问题时，情绪激动，几度哽咽。恋爱、结婚、家庭问题给特岗教师群体带来巨大的精神压力。

不同群体面临的婚恋、家庭压力不尽相同。未婚特岗教师群体面临的婚恋压力主要集中在两个方面，一是未婚教师因长期住校、生活圈子窄，无法结识适龄婚恋对象的压力；二是特岗教师在乡镇学校任教、离县城远、无法照顾家庭的现实条件让其在婚恋中处于劣势的压力。已婚特岗教师的压力主要集中在无法照顾家人尤其是孩子的问题上，已婚特岗教师无论是选择住校还是选择通勤，都会面对没有充足时间照顾家人的压力，一些已婚特岗教师更是因此导致婚姻破裂。

车某是B县某乡镇九年一贯制学校的特岗教师，她已经在这个学校任教10年，教初三语文，并担任班主任工作。车某介绍，她目前每个月工资是3200元，如果跑通勤每个月需要600元左右，为了节省这部分支出，周一到周五都是住校的。"我家里情况比较特殊，妈妈去世了，爸爸病重在床，姐姐先天性残疾，需要人照顾，孩子6岁，也正需要妈妈。如果学校离家近一点，我就能分出一部分精力照顾家里，但是，目前的情况，我只能选择住在学校，埋头工作，把对家人的亏欠放在心里。"

三、"特岗计划"实施的优化建议

《中国教育现代化 2035》提出要"提升义务教育均等化水平，推进城乡义务教育均衡发展，"通过"加大教职工统筹配置和跨区域调整力度，切实解决教师结构性、阶段性、区域性短缺问题"。《中共中央国务院关于深化教育教学改革全面提高义务教育质量的意见》也提出，要优化教师资源配置，"进一步实施好乡村教师特岗计划"。一支素质优良、甘于奉献、扎根乡村的教师队伍是发展乡村教育、实现乡村教育底部攻坚的重要力量。[①]"有几名教书先生在，哪怕乡村校舍再简陋，一盏灯也能点燃心中的希望。"[②]"特岗计划"的未来发展既需要外部政策环境的支持，立足于打赢教育脱贫攻坚战、全面实施乡村振兴的整体部署，优化、整合相关政策资源，[③]又需要解决自身面临的现实困境，以符合教育自身发展规律和有利于基层办学为原则进行政策创新，最大限度地扩大政策受益面。

（一）优化、整合"特岗计划"所需外部支持政策

1. 建立科学的中小学教师核编定岗制度和动态管理制度

建议省级政府协调编办、人社、教育部门针对乡村中小学校布局分散、学校规模变小、班级学生人数少、班级数量多的实际，加快修改完善中小学教师编制标准。改变单一按照学生人数来核定教师编制的做法，要充分考虑县城学校、寄宿制学校、小规模学校或小学、初中、高中等学校的年级班级数量、教师任务量、学科课时量、教学辅助人员需求量等实际情况，在保证开齐开足课程、完成国家要求的实施素质教育任务、保证教育教学质量的前提下，按照班师比、师生比、科师比等，采用"基本编制 + 机动编制"的方

① 刘善槐，王爽，武芳．我国农村小规模学校教师队伍建设研究［J］．教育研究，2017（9）：106—115.

② 肖亚洲．厚土：一个清华学子对晋西农村的调查纪实［M］．北京：中央编译出版社，2016：93.

③ 万孝凯．特岗计划政策执行中存在的问题与对策研究——以湖南省特岗教师为例［D］．长沙：湖南师范大学硕士论文，2019：28.

式，为不同学校核定不同的编制和岗位数量。[①]

2. 建立完善中小学教师退出和补充机制

多种渠道补充乡村教师，破解乡村学校教师“编制上不缺，实际教学短缺”的困境，补齐乡村教育短板，全面提升乡村教育质量。建议各级政府建立每年一补的教师引进制度，坚决禁止因财政经费紧张而缺编不补、缺多补少的现象。[②]同时，让教育部门、学校有用人自主权，能够将引进优秀教师政策落到实处，为乡村中小学培养和补充稳定的、高素质的优秀教师队伍。建立循序渐进的老教师引退机制，对那些不能适应素质教育要求的“老教师”，在保障相关待遇的同时，采取转岗的方式，使其逐步退出教师编制。

3. 建立全科教师培养和使用机制

按照教育部“实施素质教育，开齐课程、开足课时”的要求，乡村学校的每一科教师都对口配置是不现实的，配置和使用全科教师才是这类学校的现实需求。要加快建立全科教师培养、在职培训和利用机制，探索建立面向乡村学校的师范生定向培养和使用制度，委托省级师范院校为本省乡村学校定向培养一批来自本乡本土，能够长期在乡村从教的年轻教师。[③]建立健全与乡村学校教师岗位倾斜政策相配套的利用支持政策[④]，减轻县区教师编制压力，最大限度满足基层学校教育教学实际需求。

（二）调整、完善“特岗计划”运行机制

1. 扩大政策受益面，让特岗教师“下得去”

“特岗计划”是补充乡村教师的最重要渠道，实施十年来，得到了基层

① 刘善槐，邬志辉．新城镇化背景下我国农村教师的核心问题与政策应对［J］．东北师大学报（哲学社会科学版），2014（5）：187—190.

② 张继平．教师结构性缺编：农村义务教育发展的障碍［N］．中国社会科学报，2013-04-10，第二版．

③ 徐文娜，王晓卉．单独制定农村小规模学校资源配置标准——基于辽宁省农村小规模学校资源配置基础数据的分析［J］．现代教育管理，2017（11）：42—46.

④ 白亮，王爽，武芳．乡村教师发展支持体系研究［J］．中国教育学刊，2019（1）：18—22.

政府、学校、学生、家长的高度认可。基层普遍期待，省级政府能够切实加强财力保障，保持政策延续性，扩大政策受益面。对大多数财力不足的县区而言，师资配置往往依据其财力而非实际教育需求，“特岗计划”4：4：2的分担比例，对于县级政府补充教师的积极性有很大的调动作用。建议省级政府扩大财政保障力度，为超编县区预留政策空间，保障这些县区乡村教师队伍逐步得到补充和优化。同时，扩大特岗教师的补充额度，切实缓解基层学校教师短缺的状况，从根本上解决特岗教师跨科、转岗、课时压力大等问题，推动特岗教师能够深入到村小、教学点，解决“最后一公里”问题。[①]

2. 落实差别化补助政策，让特岗教师“留得住”

特岗教师是乡村教师中的一员，要让这些年轻教师扎根乡村，就不能只把乡村教师当作“奉献者”来褒扬，而应当重视他们需要养家糊口、体面生活的现实处境，落实差别化补助政策，让更多优秀特岗教师长期留下来。根据大部分特岗教师在县城居住的客观现实，按照学校与县城的距离、道路交通情况和学校艰苦程度测算差别化补助标准（建议补偿标准在200—1000元之间），通过加大补偿补助差距，弥补教师通勤费用和支出，留住偏远山区特岗教师，并调动他们的积极性。另外，根据学校偏远程度和道路交通情况，加快偏远山区学校标准化周转宿舍建设，并为住校特岗教师提供一定额度的生活补贴，保障住校教师的基本生活。

3. 构建梯度化评价方式和晋升制度，让特岗教师“有发展”

职称评聘和晋升向乡村学校倾斜，是吸引特岗教师在乡村长期从教的重要杠杆。当前的职称级数设置缺乏区分度和弹性，中高级职称比例过少，乡村教师因没有职业晋升通道而容易遭遇职业发展的“天花板”，产生职业倦怠。因此，建议中高级职称要进一步向乡村学校倾斜，同时增加梯度和弹性

① 孙颖，陶玉婷．特岗计划的现实困境与破解思路［J］．中国教育学刊，2012（7）：14—6.

空间，让不同年龄段的教师都有晋升空间，充分调动教师的积极性。[①] 在各类论文评比活动、优质课比赛和课题研讨等活动中，更多关注度特岗教师群体，激发其发展潜力。[②] 进一步完善乡村教师荣誉制度，探索“证书表彰 + 物质奖励”的荣誉制度，对在乡村从教 10 年、20 年、30 年以上的教师给予表彰和物质奖励，彰显荣誉制度的激励作用。

4. 扩大本土生源比例，让特岗教师“扎根乡土”

除了受经济待遇、社会地位、个人发展等因素影响外，乡土情感也是影响特岗教师是否愿意长期在乡村从教的重要原因。[③] 立足于各地非本土（户籍非本市县）特岗教师流失严重的现实，鼓励各地在“特岗计划”招聘过程中，进一步扩大本土生源比例，可以给予本土生源一定分值的考试加分，吸引本土生源报考。在特岗教师的选拔和面试环节，要重视对报考者的公益心和服务乡村教育的真实意愿进行初步判断和衡量。强化职前培训与指导的“乡村特色”，针对乡村学校班额小、家长文化水平较低、学生家庭情况复杂等特点，在职前培训与指导中加强针对性，方便特岗教师尽快适应乡村教育教学。

第三节 辽宁省乡村中小学校长素质现状调查

中国教育要办好，乡村教育是关键。乡村学校要发展，校长是关键因素之一。在大力推进义务教育优质均衡发展的背景下，对乡村中小学校长素质现状进行调查与分析有着十分重要的现实意义。本研究在全省 10 个县区发放问卷 1200 份，收回问卷 1172 份，回收率为 97.7%，有效率为 92.5%。通

① 孙颖，陶玉婷 . 特岗计划的现实困境与破解思路［J］. 中国教育学刊，2012（7）：14—16.

② 喻庆秀，伍堂群 . 做山里孩子的点灯人——山西省平陆县特岗教师群像扫描［N］. 中国教师报，2014-10-15（4）.

③ 刘佳 . 我国“特岗教师计划”实施十年后的回顾、反思与展望［J］. 现代教育管理，2017（2）：79—84.

过运用SPSS数据处理工具，对所获问卷进行相关分析，了解乡村中小学校长的品德修养、身心健康、社会素质现状，针对存在的问题，提出提升乡村中小学校长队伍素质的建议。

一、乡村中小学校长素质二阶结构模型的构建

校长作为学校组织的领导者应当具备一定的领导者素质，这是校长之所以成为校长，带领学校和师生持续发展的关键。乡村中小学发展的特殊性决定了乡村中小学校长素质的特殊性。中国要办好教育，重点看乡村，乡村中小学校长素质直接关系到我国义务教育均衡发展，关系到基础教育质量的整体提升，甚至关系到我国科教兴国战略能否真正得以实现。[①] 现阶段，群众渴望追求更优质教育资源与乡村优质教育资源相对匮乏的不利现实、乡村留守儿童教育和乡村中小学校撤并带来的一系列问题等都对乡村中小学校长的素质提出了更高的要求。校长作为学校的领导者，其隐含于行为、态度及价值观念中的素质可以在领导特质理论和胜任素质理论指导下进行研究，并在这些理论的指导下得以不断提升和发展。

（一）领导特质理论

领导特质理论是有关个人素质和特征的理论，认为领导者都具有某些共同的特性，如果领导者具备了领导的特殊品质，就会成为成功的领导者。众多的研究也表明，具备某些特质确实能提高领导者成功的可能性。这里的特质主要包括生理特质、个性特质、智力特质、工作特质和社会特质等。经过对相关研究的梳理分析，可以得知有效的领导者一般都具有努力进取、言行一致、充满自信、追求知识、善于创新等特点。[②] 这就为研究校长成为合格的学校领导者应具备哪些素质和校长在发挥领导力时有哪些决定性因素提供

① 李潮海，于月萍．城乡教育一体化若干基本问题的思考［J］.现代教育管理，2010(4)：14—18.

② 于月萍，李潮海．农村教师退出及补充机制研究［J］.中国教育学刊，2020（10）：12—15.

了坚实的理论依据。

（二）胜任素质理论

胜任素质理论是指在一定组织环境里，在具体的工作岗位上，做出优秀业绩所需要的知识、技能和行为。该理论认为，胜任素质是个体的一种潜在素质，具有与工作绩效高度相关、以行为来体现、可持续、可预测等几个特征。校长胜任特征是指担任校长角色、完成校长岗位职责所需要具备的胜任特征的总和。这些胜任特质究其实质都是校长所应具备素质的外显表现。即无论是校长的胜任素质或是校长的胜任特征，都是校长之所以成为校长以及校长能力得以不断提升的外在模型。校长素质是这一切得以持续发展和提升的基础，校长素质水平如何直接决定了其是否能够胜任校长工作和工作能力的提升空间。

（三）模型建构

尽管学界关于中小学校长应具备的素质内容和素质结构表述各不相同，但其主要内容在大致是一致的，主要包括政治素质、业务素质、思想素质和身体素质，这些素质既是校长选拔任命的基本条件，也是校长自我修养提升的主要内容。在一定的时期，这些素质所包含的内容会有一定程度的发展变化。据此，本研究以多变量统计分析为基础，构建了以校长自信心、责任感、领导品质、奉献精神、自主学习、创新性、文化程度和身体素质为主要维度的乡村中小学校长素质二阶结构模型。

表　乡村中小学校长素质二阶结构模型内容阐释

一阶维度	二阶维度	观测点
自然属性	身体素质	是否患有高血压、高血糖、高血脂或慢性疾病；健康、亚健康等。
	自信心	当制定了一项计划时，非常确定它可以得到有效的执行；当得到所期望的东西时，认为这是努力付出的结果；相信自己能应付任何突如其来的事情；是否能成为一名好校长取决于个人能力；如果尽力去做的话，总是能解决难题等。
	责任感	将学校的问题视为自己的问题；在情感上非常依恋自己的学校；学校对自己有着很多的个人意义；喜欢和校外人士谈论学校；期望在学校中度过余下的工作时间，直到退休等。
	创新性	会根据形势的需要不断改变学校的规章制度；经常组织全校师生向社会各界及其他兄弟学校公开活动；在任校长期间总想方设法搞一些创新活动等。
社会属性	学历（力）	第一学历、最高学历、专业、职称等。
	领导品质	鼓励教师和行政人员学习新的技能；帮助教师和行政人员解决与工作有关的问题；鼓励教师参与到学校的管理中来；及时对教师和行政人员的出色工作提出表扬等。
	自主学习	平时能挤出时间阅读书籍；经常学习管理理论知识；经常亲自参与并支持员工参与科研课题研究等。
	奉献精神	教育是值得奋斗一生的理想职业；如果能重新做一次选择，会不再做教育这行了；对自己进入教育行业而失望；如果在另一种职业中可得到与现在一样的收入，那么就会不做校长等。

二、乡村中小学校长素质现状

调查发现，目前乡村中小学校长无论是在基于自然属性的身心素质方面，还是在基于社会属性的社会素质方面都取得了较大的进步，尤其是校长的学历层次和领导品质素质都达到了较高的水平。同时，通过对所获数据的分析，乡村中小学校长素质也存在一些共性问题。

（一）乡村中小学校长身体素质欠佳，部分校长身体健康状况存在隐患

对校长来说，健康的身体和良好的心态是开展工作的基础，尤其是在教育改革如火如荼的今天，校长的身心健康尤其重要。校长时刻都要思考学校的改革发展方向，亲身指导教师课堂教学、与社会各界沟通、谋划学校建设、自身学习提高等等，其日常工作量和工作压力很大，没有健康的身心无法来完成。通过对部分乡村中小学校长身心素质现状进行调查发现，乡村中小学校长身心素质存在很大隐患，主要表现在以下四个方面。

1. 部分乡村中小学校长生活不规律

调查显示，有超过 34% 的校长表示自己生活不规律，主要表现为饮食不规律、暴饮暴食、经常熬夜、睡眠不足、经常抽烟等等。（见图 2–1）。

2. 乡村中小学校长患病率较高

调查显示，有相当数量的校长患有各类疾病，甚至有的校长因此而过世。问卷统计分析显示，有 12% 的乡村中小学校长患有高血压，有 11% 的乡村中小学校长患有高血脂和颈椎病，另有相当比例的乡村中不学校长患有肠胃疾病，腰椎病、高血糖和慢性病（见图 2–1）。

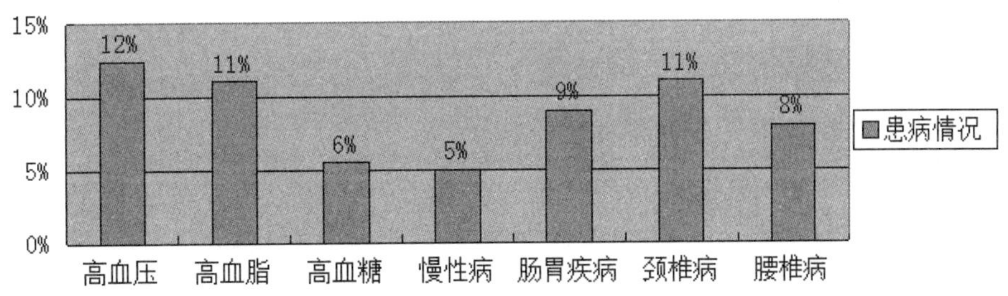

图 2–1　乡村中小学校长患病情况调查

3. 部分乡村中小学校长身体处于亚健康状态

调查发现，有 32% 的校长认为自己的身体状况处于亚健康状态，有 17% 的校长存在睡眠紊乱的情况，有 9% 的校长经常头晕头疼，有 18% 的校长表

示自己经常感到疲劳，还有 7% 的校长消化不良（见图 2–2）。

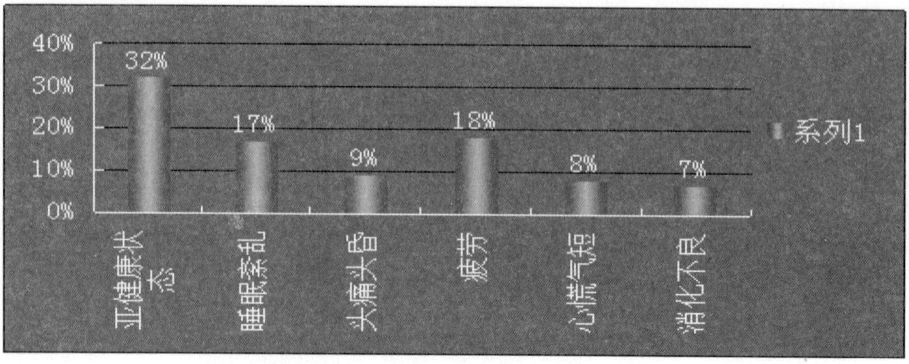

图 2–2　乡村中小学校长亚健康状况

4. 乡村中小学校长心理压力普遍较大

调查发现，有 11% 的校长表示自己的心理压力非常大，有 32% 的校长认为自己的心理压力较大（见图 2–3）。

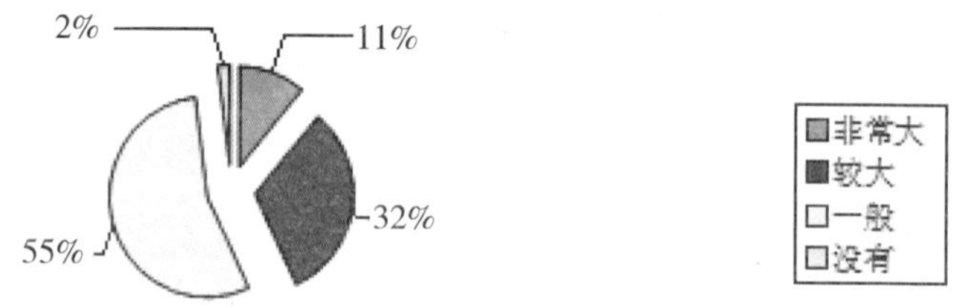

图 2–3　乡村中小学校长心理压力状况调查

（二）自主学习和创新能力不足，引领当代教育改革发展的社会素质亟待提高

在当今世界正处在大发展、大变革、大调整时期，科技进步日新月异，教育培养创新人才的重要性和紧迫性更加凸显，教育改革的步伐必须适应经济社会的快速发展。作为教育改革的引领者和实践者的校长，必须与时俱进，具有创新的教育思想、教育模式和教育方法，形成教学特色和办学风格，探索学校发展的新路径，而这些治学专家素质的修炼，必须要不断地学习和大胆探索。但是调查发现，当前乡村校长的学习意识和创新能力不足，

引领改革发展的素质亟待提高。

1. 自主学习素质状况

在关于“是否经常抽时间看书、是否经常参与并支持员工参与课题研究、是否经常学习管理知识”的调查中，有超过 87% 的校长都表示赞同（见图 2-4）。

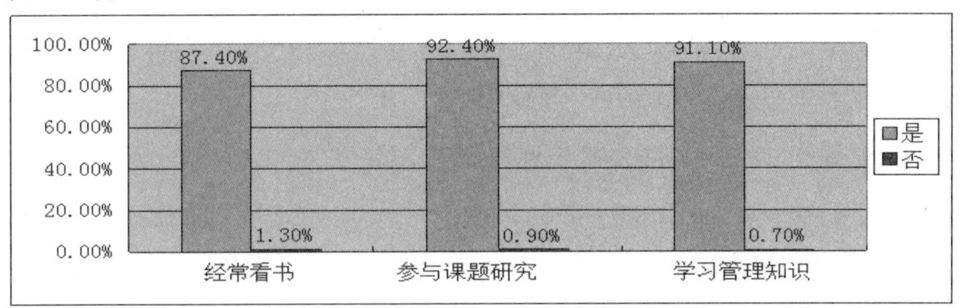

图 2-4　乡村中小学校长自主学习素质情况

2. 创新素质状况

在关于是否赞同“经常组织全校师生向社会各界及其他兄弟学校公开活动”“在任校长期间总想方设法搞一些创新活动”“我会根据形势的需要不断改变学校的规章制度”的调查中，校长们表现出较高的创新性（见图 2-5）。

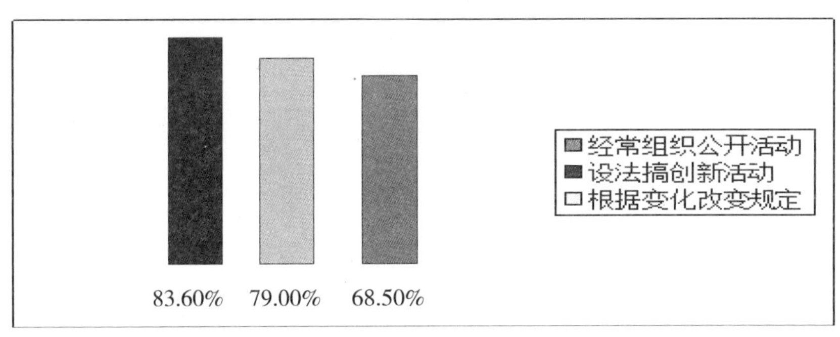

图 2-5　乡村中小学校长创新素质情况

（三）自信心、责任感和奉献精神不足，办人民群众满意教育的使命感亟须加强

经济社会的迅猛发展，在给教育事业带来蓬勃生机的同时，也给教育事业带来诸多压力和挑战，学校的发展必然面临很多新问题和新困难，这就需

要学校的管理不断做出变革和创新，而变革创新又会给校长带来新的压力，甚至带来失败和挫折。面对困难、压力与挫折，面对教育改革任重而道远的紧迫现实，校长需要有足够的自信心、责任感和使命感。

1. 自信心素质状况

在对“当得到我所期望的东西时，我认为这是我努力付出的结果”的调查中，有 63.7% 的校长选择“同意”或“非常同意”；在对“我可以确定在我生活中，哪些事情可以发生”的调查中，有 38.1% 的校长则选择“同意”或“非常同意”，有 41.6% 的校长选择“中立”；在对“是否能成为一名好校长取决于我的个人能力”的调查中，有 55% 的校长则选择“同意”或“非常同意”，有 29.4% 的校长选择“中立”。这说明，校长对于个人努力成为好校长的自信心不足。

2. 责任感素质状况

在对于责任感素质的调查中，乡村中小学校长普遍表现出较高的责任感（见图 2–6）。

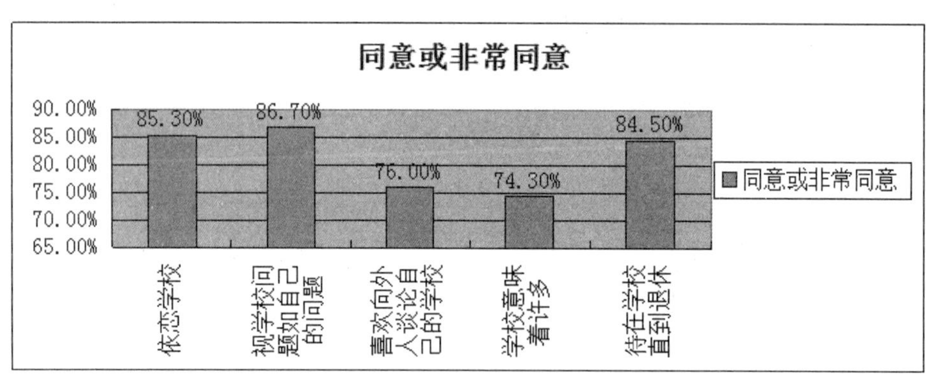

图 2–6　乡村中小学校长责任感素质情况

3. 奉献精神素质状况

在关于“如果我能重新做一次选择，我会不再做教育这行了”的调查中，有 44.8% 的校长选择“同意”或“非常同意”；在“我对自己进入教育行业而失望”的调查中，有 51.6% 的校长选择“同意”或“非常同意”；在

“如果我在另一种职业中可得到与现在一样的收入，那么我会不做校长”的调查中，有 40.5% 的校长选择“同意”或“非常同意。这说明，相当一部分乡村校长对教育行业有失望感和挫败感，对教育事业的奉献精神不足。

三、提升乡村中小学校长素质的策略

随着经济社会的迅速发展，人民群众生活水平不断提高，对优质教育的需求更加强烈。经过政府和全体教育工作者的共同努力，“有学上”的问题基本得到解决，“上好学”成为人民群众共同的需求，办人民满意的教育成为目前和未来教育改革发展的重任，中小学校长和教师队伍的高素质是完成这项任务的重要保障，因此，提升中小学校长素质至关重要。针对辽宁省乡村中小学校长自然素质与社会素质存在的问题及原因，笔者建议从政府、社会各界和校长自身三个方面共同努力，切实提升乡村中小学校长队伍素质。

（一）乡村中小学校长要加强学习，提升个人素养

乡村中小学校长养成自觉提升个人素养的意识是提高校长队伍整体素质的先决条件。提升乡村中小学校长队伍素质的关键是校长自身，校长只有自觉树立了自我素质提升的意识，才有可能将自身和整个校长队伍的素质提高。为此校长需要充分认识到提升自我素质的重要性，加强学习，增强提升个人素质的主动性和积极性，将培养和提升自我素质内化到日常工作和生活的点滴中。可以根据自身素质构成中的弱点和不足，充分利用已有条件，加强学习和锻炼，苦练内功。政府和社会各界已经为提升乡村中小学校长队伍素质做出了一定的努力，开展了校长素质提升工程和活动，提供了诸如培训、进修、书籍、体检等有利条件。对此，乡村中小学校长要充分利用这些便捷因素来为自己的发展服务，积极主动参与这些活动。

（二）政府和教育行政部门要激励和保障校长队伍素质提升

政府和教育行政部门是提升乡村中小学校长队伍素质的基础和重要保障，提升乡村中小学校长队伍素质，政府责无旁贷。

1. 要把好乡村中小学校长队伍的入口关，切实改变形式化的选拔任用制度

要在国家中小学校长任职标准基础上，制定符合乡村实际的详细的中小学校长任职标准，在思想品德、专业资格、学历、职称及相关能力和水平上进行高标准要求。要保证候选人必须具备中小学校长任职资格证书。严格选拔任用制度，公开招聘、公平竞争、择优聘任，严格执行民主测评、民主推荐、资格审查、业务考试、竞聘演讲及答辩、研究决定、任前公示、正式聘任等选拔聘任程序，号召广大乡村群众广泛参与到中小学校长的竞聘选拔中，做到科学规范、公开透明，为切实提高校长素质把好入口关。

2. 建立健全有效的竞争、激励和监督机制，激发乡村中小学校长的内在动力

长期以来，乡村中小学校长大多数是从本校任教多年的主任或教师中选拔，一经聘用就会持续连任，如犯错误，就进行地区或学校交流轮换，造成实际上的校长终身制，使部分校长滋生人浮于事、不求有功、但求无过、不思进取的思想，缺乏改革与发展的积极性和主动性，不重视自身素质和能力的提升。基于此，一是建议政府部门按照相关规定，实施乡村中小学校长职级制，将校长的职级、待遇与校长的专业能力和办学实绩挂钩，职务能上能下，待遇能高能低，激发校长的内在动力，调动乡村中小学校长主动学习、主动提高、思维创新、科学办学的积极性；二是要依据人力资源管理流程和《教育法》，尽快建立和完善乡村中小学校长的聘任、培训、交流、考核、激励、监督等各项管理制度，建立定期为乡村中小学校长体检、晋升、薪酬、休假等奖励制度，提高乡村中小学校长的待遇，为校长提升自身素质提供激励和保障条件；三是要制定相应行政部门、校际间、教师等对校长监督反馈的措施，由政府、教师、学生及其家长对校长的工作实绩进行全面的评定和监督，形成由群众做主，能者上、庸者下的良好局面，督促校长不断提升自己的工作能力和素质。

3. 要加快构建科学的培训体系，提高乡村中小学校长的业务素质和工作能力

一是各级政府和教育行政部门要充分认识乡村中小学校长培训的重要性和迫切性，将培训工作列入重要议事日程，完善相应的培训管理机制，加强培训的针对性、实效性；二是要优化整合培训资源，科学设置培训内容，提高乡村中小学校长培训质量；三是要充分发挥高校教师、教育科研人员、名校长在乡村中小学校长培训工作中的引领作用，开展多种开放式培训活动；四是要建立健全乡村中小学校长培训质量的评估机制和体系，实行培训登记、跟踪、反馈的培训档案制度，将培训情况作为校长选拔、聘任、晋升、考核和评优的重要依据，加大培训工作的评估检查力度；五是要加大对乡村中小学校的资金投入和政策倾斜，改善乡村中小学校办学条件，确保乡村中小学校长的培训经费落到实处。

4. 要大力实施名校长工作室工程以及城乡结对、轮岗交流等有效举措，推进乡村中小学校长队伍整体素质的提高

一是建立“名校长工作室”，帮助乡村名优校长总结梳理各具特色的办学管理经验，通过多种方式推广其办学思想；二是建立名优校长到薄弱学校支教或带徒弟的制度，发挥名优校长的引领作用；三是以公开竞招形式，从城市优质学校选派骨干教师到乡村中小学担任副校长兼任教育督查员，传播先进教育教学和管理经验，督查乡村学校各项工作落实情况，挂职期满后可留任重要职务；四是因地制宜进行校长轮岗交流，制定系列完善的相关政策，从交流目标、条件、时限、考评、监督、待遇等各方面做出详细而科学合理的规定；五是启动乡村校长专项奖，对从城区到乡村学校交流任职的校长进行奖励，引导和鼓励优秀校长到乡村学校交流任职。

（三）社会各界为乡村中小学校长素养提升营造良好社会环境

除了乡村中小学校长和政府等相关部门之外，社会各界在提高乡村中小学校长队伍素质的过程中，也能够而且应该发挥应有的作用。

1. 社会各界要加大对乡村中小学校的关注和扶持力度

乡村中小学校长队伍素质之所以会存在如此多的问题，这与乡村中小学校长日常所面对的工作困境有着直接联系。部分乡村中小学校长疲于应对学校发展中的各种困难，导致其缺乏提升自身素质的时间、精力和条件。因此，社会各界要加大对乡村中小学的关注和扶持力度，通过各种有效途径帮助其克服发展困境。只有这样，才能为乡村中小学校长“减负”，进而为其提高自身素质提供便利条件。

2. 社会媒体要加大针对校长素质问题的宣传力度

社会媒体要增加对校长队伍素质状况的报道力度，既要宣传校长典型，也要曝光“害群之马”，以督促乡村中小学校长关注自身素质问题。以身体素质为例，在现实中，有诸多校长因为只注重工作而不重视自身健康，最终因突发疾病或耽误最佳治疗时间而倒下。媒体在宣传其无私奉献、热爱工作、大公无私的同时，要加强对其身体素质问题的反思，事实总比单纯的说教更有说服力。

第三章

乡村教育振兴与教育资源配置

2018 年 9 月，中共中央、国务院印发了《乡村振兴战略规划（2018—2022 年）》，要求科学推进义务教育公办学校标准化建设，实现县域校际资源均衡配置。我国农村经济建设、社会转型和农村新型人才的培养都离不开乡村教育的发展，优化教育资源配置是推动乡村教育事业进一步发展的重要举措，也是实现乡村振兴战略的关键所在。

第一节　辽宁省乡村小规模学校资源配置与运行机制

近年来，各级政府立足于保民生、促和谐，高度重视乡村教育，乡村义务教育学校的硬件设施得到显著改善，教育教学质量逐年提升。但是，随着城镇化进程的推进和人口流动的加剧，小班、小校甚至是空壳学校逐渐成为乡村教育的重要形态。乡村小规模学校总体体量很大，覆盖学生很多，对满足乡村没有能力进城上学弱势家庭的教育需求具有重要作用。正视乡村小规模学校的现实困境和特点，单独制定学校资源配置标准，加强小规模学校建设，是实现教育基本公共服务均等化的现实需要，也是阻断贫困代际传递的重要途径，更是改善民生、共享发展、实现全面小康的重要任务。

一、辽宁省乡村小规模学校的总体特征与突出问题

我国地形各异，乡村面积广阔，居民居住分散，教学点和村小的设置必不可少。在义务教育“以县为主”的管理体制下，不同省份、不同地区甚至不同乡镇的小规模学校发展情况千差万别。通过对辽宁省乡村小规模学校资源配置基础数据的分析，可以准确掌握省域范围内乡村小规模学校的分布特征与资源配置的突出问题，发现小规模学校发展存在的共性问题。

（一）乡村小规模学校的总体情况

据统计，2019 年全省 200 人以下的乡村小规模学校有 2551 所（其中空壳学校有 109 所），占全省小学总数的 60.3%。乡村小规模学校在校生总数为 192071 人，占全省小学在校生总数的 9.6%。

1. 乡村小规模学校地域分布不均衡

辽宁省乡村小规模学校的地域分布呈现出非均衡特点，集中在朝阳（朝阳县、建平县、喀左县、北票市和凌源市），丹东（宽甸县、凤城市、东港市），鞍山（岫岩县、海城市、台安县），葫芦岛（绥中县、建昌县），锦州（义县、黑山县）的部分县区，而沈阳、本溪、盘锦的小规模学校数均不足 10 所。

2. 学校班级数量多，班额集中在 25 人以下

辽宁省 2442 所乡村小规模学校中（剔除空壳学校），100 人以下的学校有 1808 所，占小规模学校总数的 70.1%。小规模学校校均规模仅为 79 人，校均班数为 4.8 个，86.4% 的班级班额为 25 人以下。

3. 转出学生数量较多，学生总数减少

2019 年，辽宁省乡村小规模学校在校生数为 192071 人，与 2018 年相比减少了 17522 人。学生总数的减少有两个主要因素：一是，招生人数（28096 人）小于毕业生人数（34470 人），也就是新增学龄人口的减少，造成了学生总数的减少。二是，转出学生数（13078 人）远大于转入学生数（3446 人），

也就是学生的流出数量增加，造成了学生总数的减少。

（二）辽宁省乡村小规模学校生存状态的基本判断

近年来，在小规模学校撤并的同时，在乡村人口向城镇流动背景下，一些学校的规模在逐渐缩小，成为新的小规模学校。现行以生均为基础的人力资源、物力资源和资金配置模式使得小规模学校处于弱势地位，硬件设备设施短缺和师资薄弱问题比较突出。

1. 硬件设施设备短缺

一是部分小规模学校仍存在危房。统计数据显示，部分市县的乡村小规模学校仍有危房存在，主要集中在辽西的贫困县区，如朝阳市的朝阳县、建平县、喀左县、凌源市、北票市和锦州的黑山县。

二是教学仪器设备达标率总体较低。据统计，辽宁省小规模学校教学仪器设备达标率较低，其中 18.3% 的学校体育场馆面积不达标，32.7% 的学校体育器材不达标，36.4% 的学校音乐器材不达标，36.5% 的学校美术器材不达标，32.8% 的学校数学自然仪器不达标。且有 418 所小规模学校教学设备 5 项均不达标，这些学校主要集中在朝阳市的朝阳县、建平县、北票市、凌源市和喀左县和葫芦岛市的建昌县。

三是信息化接入情况相对落后。数据显示，全省乡村小规模学校的信息化接入情况不容乐观，有 718 所学校既无校园网又没有宽带接入，这些学校主要集中在丹东市宽甸县、葫芦岛市建昌县和朝阳市的朝阳县、建平县、北票市、凌源市、喀左县和鞍山市的岫岩县。

2. 师资力量薄弱

2016 年《关于统筹推进县域内城乡义务教育一体化改革发展的若干意见》提出，加快推进“县域内城乡义务教育学校教师编制标准统一”。但是，这一教师编制标准背后的政策假设是乡村学校同城市学校一样是规模化办学的，并未充分考虑到乡村小规模学校“小”的特点。[①] 在乡村小规模学校中，过小的班级规模使得师资的规模效益难以体现，按照编制标准，学校在数量上不缺教师，但是师资数量和结构均不能满足实际的教学需求。

一是骨干教师比例过低。据统计，乡村小规模学校专任教师总数为 21302 人，但是县级以上骨干教师总数仅为 3879 人，占专任教师总数的 18.2%，低于全省平均水平。

二是教师学历层次整体偏低。乡村小规模学校的专任教师总体学历层次偏低。据统计，全省乡村小规模学校 31% 专任教师为本科毕业，57% 专任教师为专科毕业，另有 12% 专任教师为高中毕业。

三是各科任课教师比例失衡。农校小规模学校任课教师比例失衡，其中语文、数学教师共占 71%，外语和体育教师分别占 7%，科学和综合实践活动教师各占 5%，而音乐教师只占 3%，美术教师只占 2%。

四是小科师资严重匮乏。分析数据显示，全省小规模学校单科教师配置不齐非常普遍。其中 53.4% 的小规模学校没有专任外语教师，53.9% 的小规模学校没有体育教师，69.3% 的小规模学校没有科学教师，79.9% 的小规模学校没有音乐教师，83.6% 的小规模学校没有美术教师，67.2% 的小规模学校没有综合实践活动教师。数据显示，全省 827 所小规模学校同时没有体育、音乐、美术教师，也就是说 33.9% 的乡村小规模学校没有音、体、美专业教师。更有 471 所乡村小规模学校外语、体育、科学、音乐、美术、综合实践活动任课教师数均为 0。这些学校主要分布在丹东的宽甸县、凤城市，朝阳的喀左县、凌源县，葫芦岛的建昌县和鞍山的海城市和岫岩县。

五是教师培训机会较少，以县级培训为主。在乡村小规模学校，每位教师的日程通常都被课堂教学安排占满，教师外出培训的机会很少。据调查，2019 年只有 45 所（1.8%）小规模学校的教师参加了国家级培训，137 所

① 赵忠平，秦玉友 . 农村小规模学校的师资建设困境与治理思路［J］. 教师教育研究，2015，（6）：35.

（5.6%）学校的教师参加了省级培训，484 所（19.8%）学校的教师参加了市级培训，1642 所（67.2%）学校的教师参加了县级培训。另外 2019 年有 285 所（11.7%）小规模学校的教师没有参与任何级别（国家、省、市、县、校）的培训。

3. 学校管理效能低

一是乡村小规模学校正在遭遇学校管理系统的双重责难。由于距离过远或所处地理位置不利，中心学校或中心小学无法对小规模学校形成有效监管，也不能提供及时帮助，在教育局—中心学校—小规模学校的管理系统内，小规模学校被置于孤立无援的边缘位置。同时，通过学校管理系统内的微型调整，将小规模学校的人事、经济管理权上收，使小规模学校不仅失去获取资源的独立身份，在无人问津的状态下又不能“擅自做主”，小规模学校陷入外无援、内无力的两难境地。

二是小规模学校处于资源配置真空地带。小规模学校位于县域和乡镇内学校布局的边缘地带，小规模学校建设与否、发展状况如何，不会影响到区域教育发展的最高水平，也基本不影响教育管理者的政绩评定，所以优质教育资源先县城再乡镇，先中心再边缘的顺序分配规则一直未变，这也加重了向小规模学校配置资源的随意性。作为最直接的上级管理者，乡镇中心学校或中心小学对学校的管理与支持都非常微弱。中心学校或中心小学对小规模学校的常规管理经常是走马观花式的到校检查，或通过电话进行远程遥控，这些无法对小规模学校的日常运转规范形成有效制约。离得较远的中心学校和近在咫尺的村委会都无法对小规模学校进行有效约束。这意味着小规模学校必须在有限的资源供给中“靠自己”解决问题。中心学校或中心小学开展的教研活动、考试评比和文体活动对小规模学校的辐射力度也非常小。由于小规模学校师生人数少，且距离中心小学或镇中心学校较远，参加教研活动和文体活动时也障碍重重。

三是小规模学校独立性地位丧失。小规模学校必须依靠自觉维持运转和基本规范时，乡村学校管理制度却倾向于捆绑发展，即上收小规模学校的独立管理权，使之依附于中心学校或中心小学。随着这种依附性增强，小规模学校资源获得的充足性和稳定性就越差，发展能力被削弱的程度就越大。乡村小规模学校正在逐渐丧失它的独立地位。随着规模减小、办学设置不再完整，大部分小规模学校已成为某个完全小学的下属机构。它们不再是独立的经费核算单位，不再独立获得师资，经费和师资统一划拨给中心小学后由中心小学根据实际情况向小规模学校分配。小规模学校对校内事务的管理权力也转移至中心小学，教师绩效等级评定、年级和班级的开设都由中心小学决定。小规模学校甚至不必参加中心学校举行的会议，它对师资、经费、管理各方面的需求也无处表达。

4. 学校发展缺乏外部环境支持

学校的外部环境中包括了许多聚合在一起的力量。小规模学校处于教育系统与社区系统的双重包裹之中，而它们又都受到来自于更大的社会系统的各种力量的影响。学校的生存与发展，教育系统和社区系统如何进行系统间的能量交换，都受到社会、经济、政治、文化等因素制约。小规模学校边缘化的发展状态，受到学校外部各种力量的影响。

一是小规模学校处于“下无根、上无援”的困境。在“以县为主”管理体制下，乡村学校摆脱了对村落的附着与依赖，但不充足的资源配置体制有可能将小规模学校置于“下无根、上无援”的困境中。脱离了村落和乡镇的底层供给，小规模学校面临诸多困境，教育资源配置权上移后，大规模学校的教育经费按生均拨款、生师比等大一统的标准拨付，让这类学校的独特需求被忽视。在乡村学校资源配置主体在村落或乡镇一级时，小规模学校的资源需求能及时反映给配置者，师资的年龄结构和学科结构基本保持在较为合理的范围内。在配置责任逐级上移后，由于缺乏顺畅的表达途径，小规模学校无法及时有效地向配置者主张自我利益诉求。小规模学校的实际需求被统一标准扭曲后，更难得到各级教育行政部门的及时回应，而此时，从乡土社会中获取资源的合法性已经消失，小规模学校的实际需求再也无法从村落中得到满足。当资源配置主体距离小规模学校越远，小规模学校遭遇的双重“漠视”就越明显，生存困境就越严重，小规模学校的边缘化状态也就越发加剧。

二是学校面临生源竞争压力。生源对学校的重要性，犹如一个生命体中的血液，正变得越来越重要。校际生源竞争在乡村教育系统内没有受到任何形式的抑制，相反，家庭对子女教育需求日益多元化，“禁止收取择校费”的政策要求以及快速发展的公共交通都为校际生源竞争大开绿灯。小规模学校对生源的吸引力显然不如其他学校，民办学校和公办学校都在从小规模学校服务范围内吸纳生源。小规模学校论辐射能力和品牌效应都不如非小规模学校，学校既缺钱又缺人，很难提供食宿、托管等生活服务，更无法与其他学校抗衡。部分小规模学校师资老弱、校舍破旧、管理涣散等不利条件更加速了学生的外流。

三是家庭无力为小规模学校提供充足资源。家庭是否就读小规模学校的选择受多种因素影响，家庭教育需求、对小规模学校认同度都影响到家庭的择校决策。但整体看，持有更多资本的家庭较多选择离开乡村小规模学校，小规模学校学生家庭对学校的支持力度也逐渐减弱。择校成本成为影响家庭决策的关键因素之一，家庭所拥有的物质资本和社会资本总量不同，其子女在不同类别学校就读的可能性也不同。对于乡村儿童来说，就读于城镇较大规模学校比就读于乡村小规模学校的生活、交通等成本要高很多。在小规模学校所在乡村，家庭条件与就读学校质量的关联更为显著，家庭富裕、人手充足的孩子在以县城学校为代表的优质学校就读，一般收入水平家庭的学生在乡镇中心小学就读，而贫弱家庭只能选择让子女在村内的小规模学校就读。拥有优势资源的家庭在家校联系的主动性和沟通能力上要优于那些文化资本和社会资本匮乏的家庭，小规模学校从学生家庭得到的教育辅助力量过于微弱，家校合作也因各种因素的阻碍难以实现。

二、单独制定乡村小规模学校资源配置标准的必要性

当前，小规模学校发展的突出问题是硬件设施设备和师资短缺，其根源是现行的以学生数为基础的资源配置方式使得乡村小规模学校在经费配置中处于弱势地位。改变小规模学校的资源配置方式，单独制定学校资源配置标准，是破解乡村小规模学校的普遍问题，加强小规模学校建设的关键环节。

（一）乡村小规模学校是一种长期存在的学校形态

小规模学校将会长期存在，不是一个过渡形态，不是随着教育现代化将要消失的落后形态。由于地理条件和环境所限，很多发达国家都存在小规模学校，在日本、韩国、中国的乡村，多数都是一二百人的小规模学校。无论世界各国经济社会如何发展，都会拥有一定数量的乡村小规模学校，尽管它们的数量在逐渐减少，但它们是满足偏远地区学生教育需求必不可少的学校样式，未来这类学校一定会继续存在的。①

在教育现代化的坐标上，小规模学校其实更加符合教育规律，是学校发展趋势。艾蒂安等对包括中国在内的几个亚洲发展中国家小规模学校的作用进行了研究，指出小规模学校有利于促进学生学习，能够保持较高的教育质量。事实上，“小班小校”是现代学校的基本面貌，不少欧洲国家小学的设置标准，就是一百多人。因为教育规模与教育品质密切相关。小规模学校不仅方便学生就近入学，而且实行小班化教学，师生关系密切，有利于关注每一个学生、实施个性化的教育。真正需要改变的是大规模学校、巨型学校，一所小学几千人，一所中学一两万人，是不符合教育规律的。办好乡村小规模学校，不仅是一种扶贫救急的行为，而且具有前瞻性，体现了未来教育的价值。

① 曾新，付卫东．内生发展视域下农村小规模学校教师队伍建设［J］. 教育发展研究，2014，（6）：73—79.

（二）小规模学校对普及义务教育、实行就近入学具有重要现实意义

乡村小规模学校的存在和发展关系着教育公平和社会正义的实现，关系着我国乡村弱势群体受教育权利的保障。小规模学校大多位于人口较少的偏远乡村，为该地区儿童提供了最便利的教育服务，为社会弱势群体提供了就近入学的机会，是底层通过教育阻止贫困代际传递的最基本的途径，是不可替代的教育组织形式。

乡村小规模学校满足了乡村后 20% 没有能力进城上学的弱势家庭的教育需求，是普及义务教育、实行就近入学的现实需要。辽宁省的城镇化进程在全国居于前列，但是截至 2019 年，全省仍有 2551 所乡村小规模学校，在校生数达到 192071 人。可见，小规模学校虽然学校规模很小，但总体的体量很大，覆盖的学生很多，对满足乡村后 20% 学生的教育需求具有重要作用。由于过于分散和偏僻，小规模学校普遍处于小而差、小而弱的状态，是乡村教育底部攻坚、提升教育质量的重点和难点。

（三）小规模学校“小而弱”的根源是现行资源配置标准的不合理

任何社会都存在着生产资源的相对稀缺性与人类需要的无限性之间的矛盾，因而如何科学合理地分配资源，高效率地利用资源，以最少的投入得到最大的产出，成为每个不同经济制度所追求的共同目标。我国在注重规模效益的教育资源投入体制下，学校规模与教育资源的获得量成正比。目前，中小学以学生数为基础配置资源，作为学生人数最少的小规模学校在资源配置中处于弱势地位，最终成为乡村教育中最为薄弱的部分，从而与中心校、城镇小学产生了累积的发展差距。由于各种资源的投入相对较少，小规模学校的资源投入还远远不能满足其实际需求。

（四）转变小规模学校弱势地位的突破点是单独制定乡村小规模学校资源配置标准

“规模小”与“质量差”没有必然联系，关键在于转变教育资源投入方式。乡村小规模学校持续弱化的根本原因在于对其不利的教育资源投入方式

和外部环境，规模大小与教育质量并无必然的决定关系，是教育资源的投入方式作为中间变量使二者发生了联系，让“规模小”和“质量差”联系到了一起。资源配置标准的不合理是小规模学校发展的症结所在，因此，发展乡村小规模学校的关键在于，充分考虑乡村小规模学校的发展特点和现实需求，单独制定乡村小规模学校资源配置标准，由“注重生均意义上的投入公平”向“保证每一个学生获得的教育服务均等”转变，让乡村小规模学校学生获得均等的教育服务。

三、关于单独制定乡村小规模学校资源配置标准的建议

《国家中长期教育改革和发展规划纲要（2010—2020年）》明确提出，要建成覆盖城乡的基本教育公共服务体系，逐步实现基本教育公共服务均等化。教育公共服务均等化是从教育接受者的角度提出的，而不是从教育投入者的角度提出的。为了让乡村小规模学校学生获得均等的教育服务，基于辽宁省小规模学校资源配置基础数据的分析，建议从以下几个方面考虑单独制定乡村小规模学校资源配置标准。

（一）优先改善小规模学校办学条件，满足学校运转需求

由于以往长期的教育投入不足，乡村小规模学校硬件建设历史欠账较多，危房、教学设施设备不达标、信息化建设落后等问题比较突出，且呈现出在部分经济落后县区集中分布的特点。

1. 单独制定乡村寄宿制、村小、教学点办学标准

小规模学校大多布局分散、地处边远，处在差序教育格局的末端，教育资源配置水平较低。要综合考虑环境、交通、安全等因素，坚持有利于学生就近入学与提高教育质量相结合原则，对小规模学校进行科学合理的布局。针对小规模学校的特点，从设置用地、校舍配置、装备配备、教职工配备、教育教学及保障等方面单独制定乡村寄宿制学校、村小、教学点办学标准，保障小规模学校建设满足其教育教学需求。

2. 深入实施薄弱学校改造计划

针对小规模学校硬件建设不达标，且集中在部分贫困县区的分布特点，要加强中央和省级政府向县级政府转移支付力度，明晰“省级统筹，县市管理”的权责关系，积极推动省域内义务教育均衡发展。深入实施薄弱学校改造计划，大力推进小规模学校办学硬件条件标准化建设，扩大“全面改薄项目”对乡村小规模学校硬件建设的覆盖面，对乡村小规模学校硬件缺口比较大的典型县区进行重点扶持，保障小规模学校安全运转。

（二）建立以班级数量为基础，适当考虑学生数量的教育经费配置模式

“两免一补”政策实施以来，乡村学校公用经费不但得到了提高，而且资金来源渠道改变了，由中央和省级财政共同承担，这为乡村义务教育公用经费分配改革提供了空间。目前的教育经费投入方式是按学生数拨付的公用经费，乡村小规模学校校均规模仅为 79 人，在经费配置中处于弱势地位，使得学校难以运转或低水平运转。实施乡村教育经费配置倾斜政策，可以整体上解决乡村教育长期经费不足引发的问题。提高乡村教育占教育财政总支出的比例，新增财政拨款向经济欠发达县区小规模学校倾斜。考虑小规模学校教育经费使用效率的衰减状况，以班级为基础进行教育经费配置。[①] 针对辽宁省乡村小规模学校学生数量少、平均班额小、班级相对较多的情况，建议公用经费以班级数量为基础进行分配，可以因学生数量不同而有一定差异，但是不能相差太大。

（三）根据学校实际需求，单独测算乡村小规模学校教师编制

《乡村教师支持计划（2015—2020 年）》中特别强调：“应集中人财物资源，实施优惠倾斜政策，加强乡村地区优质教师资源配置，有效解决乡村教师短缺问题，优化乡村教师队伍结构”。可见，尽最大努力克服乡村教师资

① 秦玉友 . 乡村小规模学校办学成本解决之道［N］. 中国教育报，2015-11-19（3）.

源短缺困境、促进教师资源均衡配置是当前乡村义务教育发展的重中之重。按照生均教育资源投入标准，小规模学校的教师数量配置始终处于“标准上超编但现实中不足”的状况。

小学教职工编制标准不适合乡村学校，特别是乡村小规模学校。建议编制部门基于每个学生获得教育服务均等的原则，根据小规模学校年级多、班额小的特点，建立以班级数量为基础，充分考虑各年级应教科目数量的师资配置模式，保证小规模学校正常开齐课程，按照班均标准配置师资，在条件成熟的地区，按照所应开设科目的数量（年级）配置师资。

（四）创新小科教师培养与利用机制，保障小规模学校开足开齐课程

外语、音乐、体育、美术等专业性较强学科的专业教师具有不可替代性。但从小规模学校师资规模看，无法保证每个小规模学校都有专业对口学科教师，需要探索多种形式保障小规模学校开足开齐课程。

1. 积极推动校际走教

国际经验表明，通过教师校际走教，校际共享教师是乡村小规模学校高专业性学科专业对口教学的一个重要策略。要继续推动县域内校长、教师交流轮岗，积极探索学校联盟、学区一体化管理等形式，引导小科教师向小规模学校流动和辐射。鼓励县级教育主管部门出台走教政策，并提供资源保障和必要监督，按照学区统一管理、就近走教、安全走教的原则，实现校际共享小科教师。

2. 注重多学科教师的培养和利用

对乡村小规模学校来讲，每一科目教师完全专业化对口配置是不现实的，多学科教师的培养和利用势在必行。由于教师教育和培训过程中缺乏多学科培养考虑，在教师利用过程中也没有多学科教师教学政策，乡村小规模学校教师的多学科教学通常处于低水平状态。需加快建立多学科教师在职培训和利用机制，与师范院校合作，积极探索适应省情的多学科教师培养模式，制定与小规模学校教师岗位倾斜政策相配套的一揽子政策，对多学科教

师的利用进行支持。

3. 利用信息化手段缓解小科师资短缺问题

针对小规模学校宽带接入和校园网建设滞后的现状，将信息化作为缩小城乡教育鸿沟的有利抓手，大力推进“三通两平台”建设，实现全省小规模学校数字资源的全覆盖。加大乡村小规模学校课程资源开发力度，促进教育信息化优质资源共享，优先保障乡村小规模学校小学科远程教学需求，缓解小科师资短缺问题。

（五）拓展小规模学校发展的多元路径

1. 中心学校切实发挥作用

乡镇中心学校能为小规模学校提供最及时的帮助，乡镇中心学校要着力发挥对小规模学校运转规范的监督作用，帮助小规模学校解决突发问题，并及时将小规模学校发展中的困难与变化上报到县级教育部门，保证小规模学校应有的资源配置到位，协调小规模学校与其他学校关系，同时对小规模学校发展中出现的偏差进行纠正。中心学校还要与乡镇政府、村委会一起，为小规模学校创设发展的良好社会氛围，引导本地社会精英的力量帮助小规模学校发展。

2. 强化小规模学校办学规范

小规模学校因其相对分散、与管理者距离较远，学校运转的弹性空间较大，在上级管理者无法密切施行管控的情况下，过于强调学校运转的整齐划一和发展目标的高度一致是徒劳无益的。对小规模学校管理的目标设定应以保证基本规范为主，具体安排应由学校根据实际情况自主确定。学校管理以保证办学规范为主要目标，要求上一级管理者对小规模学校的管控保持在一定限度内，为小规模学校提升教育效力、提高针对性留出足够的灵活、弹性空间；管理以保证办学规范为主要目标，还要求中心学校人员、县级教育行政管理者对小规模学校的视察督导成为常态，他们不仅要加强与小规模学校的电话、网络联系，更要增加到访次数，实地了解小规模学校发展状况，积极走访学生家庭及其他社区成员，及时发现学校的办学问题，帮助小规模学校寻求解决问题的方法并积极争取其他部门的援助。

3. 拓展小规模学校发展的多元路径

小规模学校天然适合开展小班化教育教学改革，而结构简单、人员偏少更利于学校主动通过变革寻找出路。他们更易接受变革建议，内部组织优势也有利于学校有效应对变革中的不确定因素，变革更易于在小规模学校实现。因此管理者和教学变革发起者应将小规模学校作为变革的首要目标群体，向他们提供更多的专业指导、物质资源支持，营造适宜变革的外部氛围，鼓励小规模学校通过参与项目、自主创新等实现校园文化建设、人员管理、课程教材重组等不同方面的变革。可以在“强弱联合”途径外尝试“弱弱联合”，组织小规模学校抱团发展。国外已有经验表明，同为小规模学校的合作伙伴之间相似之处更多，合作效果更好。他们所处的发展阶段和状态基本相同，合作的着力点和针对性更有益于帮助他们解决现实问题。作为互助组合，他们之间的关系更趋近于平等，能灵活有效地安排师资和可移动设备的共享，相似的起点也为他们共同开展教研活动和组织校际比赛提供更为平等的平台，更容易达成共识标。“弱弱联合”同时有利于激发小规模学校的内部竞争力，提升他们的发展动力。

4. 提高校长的领导力

校长领导力是指校长能够发挥作用，调动学校师生积极性，实现办学目标及学校发展的能力。校长是小规模学校的“领头羊”。小规模学校校长缺乏吸引力，规模学校校长管得人多，显得有面子，小规模学校人数少。中心校要重视小规模学校的发展，强调校长的引领作用，提升校长职位的吸引力。小规模学校校长责任重大，需要在历史逆流中转变小规模学校的现状，将教师懒散、随意的状态逐渐调整成积极、能干的状态，维持小规模规范而独特的运转状态，展示出学校积极蓬勃的生命力。

（六）争取社区和家长支持

小规模学校的主动发展必须延伸到学校的外部，尤其要重视它与学生家庭、社区居民以及社区组织之间的公共关系，要在乡村建设中发挥积极作用。

1. 鼓励并帮助家长参与家校合作

小规模学校要鼓励并且支持家庭对学校活动的参与，制定与家长合作的策略，需要针对小规模学校所处的乡村社区与学生家庭的特殊性采取适宜的方式和途径。乡村教师在与家长合作时，要积极主动联系家长，通过电话、信件或网络与外出务工父母交流，通过电话、家访、家长会等与在家的学生家长保持密切联系，唤醒家长对子女学习的关注。学校在与家庭互动中，要本着从家长的需要和可能的空闲时间出发，而非方便校长和教师的原则来安排家访、家长会等，根据家庭的独特性采取灵活的方式方法进行沟通与合作。对于祖辈监护或单亲监护留守儿童，教师要提供更多的家庭教育指导，及时了解家庭对学校的期望；那些贫困家庭儿童，需要教师付出更多生活上的照顾和多向家庭提供正面评价，激起家庭培养子女的更大自信心。

2. 正确对待学校与村委会的关系

尽管大多数财力不足的村委会并不会主动要求介入学校的管理，但小规模学校应主动取得村委会对学校的支持。小规模学校应该在学期开始时主动向村委会介绍学校计划和工作目标，在学期结束时获取村委会对本学期工作的评价，主动邀请村委会对本校工作予以监督和周期性反馈，通过村委会了解村内居民对本学校“最喜欢什么”和“最不喜欢什么”，使村委会成为汇集村民建议与分享学校目标的中转站。小规模学校教师也要踊跃参与到家庭重大仪式、村落文化活动中，为村民提供重要的仪式准则和价值引领作用，以争取他们对小规模学校的最大支持。学校所拥有的场地、设备、器材在为学生服务之余，可以为村民提供一定的学习与使用便利。学校所拥有的图书资料和远程教育资源库、计算机等办公设备可以用来让部分村民阅览、学习和练习计算机技能等，学校教室、运动场地也能成为社区举办公共活动的地方。

3. 建立社区参与学校决策的机制

广泛的社区参与机制对小规模学校的发展非常重要。学校在确立共享目标的过程中，必须充分收集社区意见并得到社区认同，才能使之真正成为共享的目标；而社区居民和组织对学校日常运转的监督提供了重要的外部约束力，一定程度可以弥补上一级管理机构对学校运转规范约束力偏弱的不足。小规模学校发展中时常需要做出决策，吸纳社区力量参与学校决策，能帮助学校对学生实施有效的教育。在学校的重大事件决策上，如学校年级、班级的设置变动，学校撤并的决定等，社区参与的意愿更强烈，学校要在更广泛的范围内吸纳各方力量，让家长、其他村民、村委会等所有的利益相关者都应该在学校决策中发出声音，使学校的每一项重要决策最大限度地得到社区支持。

第二节　辽宁省乡村中小学图书资源供给的现实困境与优化建议

乡村中小学图书资源优化供给是全民阅读的客观要求，有利于推动乡村地区文化教育事业快速发展，促进社会公平。当前乡村中小学图书资源供给存在着图书室总体面积不足、分布不均，图书配置库存量较少、种类不全、质量较差，图书经费投入普遍不足，信息化建设缓慢，图书管理员素质参差不齐等困境，需要多措并举优化供给，科学补充乡村中小学图书资源。

一、乡村中小学图书资源优化供给的现实意义

党的十八大报告中首次提出“开展全民阅读活动”，2016 年，国务院政府工作报告将全民阅读提升到国家战略高度，2020 年 10 月，中央宣传部印发《关于促进全民阅读工作的意见》，要在全社会大力营造爱读书、读好书、善读书的良好氛围，引导人民群众提升阅读兴趣、养成阅读习惯、提高阅读能力。全民阅读正在获得越来越多的政策支持，受到越来越多的关注。

（一）乡村中小学图书资源优化供给是全民阅读的客观要求

在世界范围内，有很多国家都已经将倡导和促进全民阅读作为其基本国策，我国全面阅读的提倡与兴起一方面是受国际阅读潮流的影响，另一方面更是基于我国目前的国民阅读现状，是提高国民素质的必然选择。

乡村中小学图书资源优化供给是全民阅读的客观要求。在终身学习的社会大背景下，尽管不分年龄阶段的阅读得到了很大程度的推广，但是以学校学习、学校阅读为载体的学习与阅读无疑是全民阅读的主要形式，并且阅读推广的主要对象是少年儿童，因此学校阅读体系的完善在全民阅读的国家战略实施中处于核心地位，而乡村中小学是全国范围内学校的重要组成部分，其阅读情况、图书资源的优化状况对全民阅读政策的推行有着重要的影响。

（二）乡村中小学图书资源优化供给是推动乡村文化教育事业快速发展的现实选择

党的十八大以来，乡村地区，特别是贫困地区群众的生产生活得到了党中央高度重视。治贫先治愚，扶贫先扶智，教育是提高劳动者综合素质、促进贫困人口掌握脱贫致富本领，进而从根本上阻断贫困代际传递的重要手段。因此，增强乡村地区文化教育事业的推进力度，确保教育精准扶贫的政策真正使广大贫困群众获利，整体提升乡村地区特别是贫困地区教育发展水平，刻不容缓。

乡村中小学图书资源优化供给是推动乡村地区文化教育事业快速发展的现实选择。《中小学图书馆（室）规程（修订）》中将中小学图书馆定位为“中小学校的书刊资料信息中心”和“为学校教育、教学和教育科学研究服务的机构”。因此，完善中小学图书馆建设是学生全面发展的保障。乡村中小学图书资源是乡村地区中小学学生思想品德、文化知识、情操修养提高和个性特长培养的载体。数量齐全、种类丰富、分布均匀的图书资源为乡村地区中小学学生的阅读学习及进步提供可能，有利于素质教育在我国乡村地区的推广。乡村中小学图书馆为教师的全面提高提供信息保障。教师是教学活动的核心，教师的素质提升与专业成长是教学质量的重要保证。现代教育技术发展迅速，各种新的教育理念不断产生并广泛传播，设施良好、服务完善的乡村中小学图书资源能够帮助教师轻松、方便、快捷地获取教育资源，更新教育理念，获取新的教育技术并不断提升自身素养。

（三）乡村中小学图书资源优化供给是促进社会公平的重要推动力

乡村中小学资源优化供给有利于促进教育和社会公平。目前，我国大多数乡村中小学校图书馆建设主要存在着以下几点不足：第一，藏书数量不足，大多数乡村中小学图书馆只能达到国家所要求的最低标准；第二，馆藏书目内容过时且书籍破旧，其中捐赠图书占据了绝大比重；第三，馆藏书目的结构不合理，各式各样的试题是藏书的主要构成，而真正意义上有利于学生全面发展、综合素质提升的课外读物几乎没有。现存的问题严重影响了乡村中小学图书资源帮助学生学习、促进学生阅读兴趣形成和培养学生自主学习能力等作用的发挥，直接影响了乡村中小学学生的培养质量，拉大了城乡教育差距。

二、乡村中小学图书资源供给的现实困境

当前，在国家大力推进县域内义务教育均衡发展的背景下，各级政府都在积极为乡村中小学校配备教育资源，着力缩小城乡教育差距。为全面了解乡村中小学图书资源的配置现状与需求，本文以 A 省乡村中小学图书资源供给情况为例进行相关分析。选择了 6 个典型地区（6 个地区分别用 B、C、D、E、F、G 表示）的小学、初中和九年一贯制学校共 30 余所乡村中小学进行了实地考察，与当地教育行政部门负责人、学校校长、图书管理员、教师代表进行了座谈，发放并回收学生问卷 500 份，教师问卷 250 份。经过统计分析并结合实地调研情况，挖掘出乡村尤其是偏远乡村中小学图书资源供给中仍然存在的主要问题。

（一）图书室面积不足，部分学校没有图书室和阅览室

调研发现，大部分地区 100% 的学校都建有图书室，但是部分学校虽然建有图书室，却只有藏书室，缺少阅览室。在某县 78 所乡村学校中，教师阅览室为 0，学生阅览室为 25 个，所占比例为 32.1%。另一个县建有教师阅览室和学生阅览室的乡村小学占比为 6.7%，中学占比为 15.6%，大部分学校基本无阅览室，即使有阅览室的，生均面积也没有达到标准，有的学校生均阅览室面积仅为 0.06 平方米（见表 3–1）。

表 3–1　样本县（市）乡村中小学图书室建设情况

样本县（市）	学校数（所）	有图书室学校占比	有教师阅览室学校占比	有学生阅览室学校占比	生均图书室面积（m^2）
B 县	78	100%	0	32.1%	0.06
C 县	225	81.3%	6.7%	6.7%	0.13
D 市	286	100%	3.2%	51.4%	0.27
E 县	46	100%	67.4%	97.8%	0.25
F 市	36	100%	0	100%	0.09
G 县	41	68.3%	41.5%	78.1%	0.13

（二）图书供给库存量较少、种类不全，与学生和教师的阅读需求及教育教学的融合差距较大

从 6 个样本县（市）的纸质藏书总量来看，部分县市的图书拥有量能达到生均 27 册和 26 册，有的县市的生均只有 18 册，与省定小学 30 册 / 生、初中 40 册 / 生的标准相差较远，需求量大于藏书量（见图 3–1）。

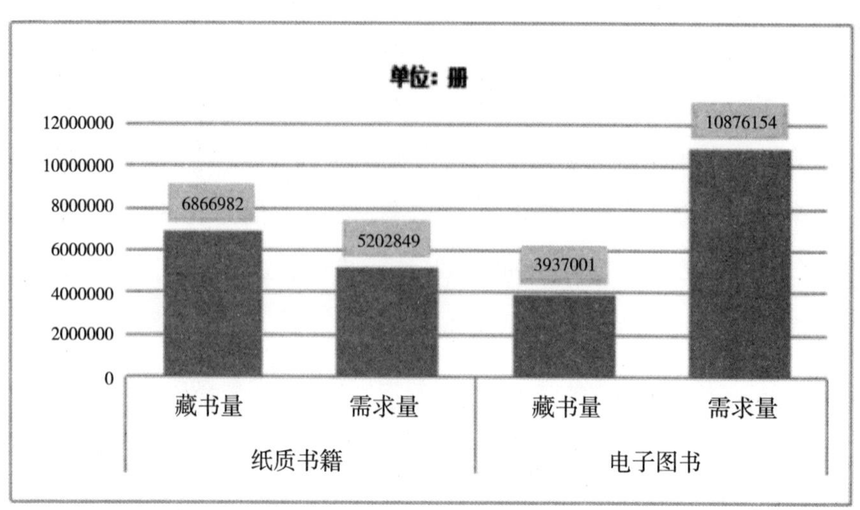

图 3-1　样本县（市）乡村中小学藏书量与需求量对比

调查还发现，大部分学校每年都在不断增加图书的数量，但是由于经费有限，补充的是一些陈旧和价格低廉的书籍，复本率非常高，有的学校复本率达到了 80 册，甚至 100 多册。图书种类也不齐全，教师和学生用书较少。以图书供给情况相对较好的某县为例，在 46 所乡村中小学校中，有 25 所学校的教师、学生用书和教辅用书都没有超过学校藏书总量的 10%，其中有 4 所学校的教师和学生用书为 0，有 6 所学校的教辅用书为 0。适合小学低年级学生阅读的拼音读物、教师辅导用书及工具书普遍缺乏，学生和教师对图书的需求见图 3-2。

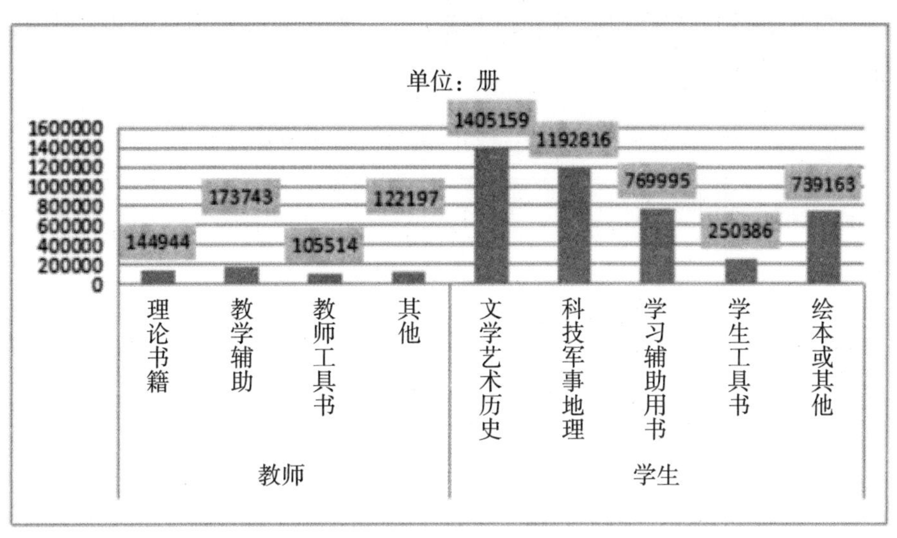

图 3–2　乡村中小学学生、教师需求图书种类

（三）乡村中小学的图书经费投入不足，藏书主要来源仍是社会捐赠、学生和教师捐献，更新比较缓慢，利用率较低

几年来，按照义务教育发展基本均衡县（市、区）建设的要求，各地对中小学图书购置经费投入逐年加大，但是由于以前欠账太多，缺口较大，再加上乡村经济薄弱，学校仅靠生均公用经费来维持教育教学正常运转，没有更多资金来购买图书，乡村中小学的图书经费投入相对来说普遍不足。

由于图书经费投入不足，学校藏书的来源多种多样，图书的质量也良莠不齐。一些学生人数较多、条件较好的学校用节省下来的生均办公经费购买部分图书；另有一些学校为了凑够图书供给要求的数量，便动员社会、教师和学生捐赠捐献；还有一些学校动员学生每学期每人购买一本图书，拿到班级集体阅读，待学生毕业时鼓励捐赠给学校，但不能保证图书及时更新，并且利用率不高。

（四）乡村中小学信息化建设比较缓慢，电子图书室建设需要加强

从调研情况来看，电子图书室的建设、图书信息化管理及电子图书的使用状况很不乐观，与现代社会信息化建设的要求相差较远。目前，除少数

地区 100% 的学校拥有校园网外，大部分地区的学校还没有实现网络全覆盖（见表 3–2）。

表 3–2　样本县（市）校园网建设和图书信息化管理情况

样本县（市）	拥有校园网的学校占比	用计算机管理的学校占比	有电子阅览室的学校占比	人均拥有电子图书数（册）
B 县	100%	14.1%	32.1%	18.4
C 县	18.2%	0.4%	8.2%	3.5
D 市	19.9%	23.4%	4.2%	1.4
E 县	43.5%	52.2%	0	32.4
F 市	13.9%	100%	100%	26.1
G 县	0	0	9.3%	0

有些学校的网络建设比较缓慢，终端接入不足百兆。除部分地区 100% 的学校建有电子阅览室外，其他地区有电子图书室的学校占比很低，人均电子图书也很少。由于后期运转维护经费不足，即使有些学校建有电子图书室，目前也处于瘫痪状态。还有大部分学校由于图书管理员专业性不足，导致图书室管理软件没有实际应用，有个别学校建有电子阅览室，但是却没有电子图书。

（五）乡村中小学图书管理员素质参差不齐，专业化队伍建设任重而道远

从调研统计数据来看，6 个样本县（市）的图书室管理员没有图书管理专业毕业的专业人员，兼职人员数量居多，除某市全部由专职人员管理图书外，其他地区的兼职图书管理员分别占 89.9%、81.7%、73.3%、67.5% 和 27%，多数学校图书管理员或是兼职教师，或是由已晋升高级教师的老教师担任。某县有 225 名图书管理员，100% 都是由高级职称教师兼任。这些兼职教师或老教师大部分已接近退休年龄，高级职称评聘已经完成，没有教课任务，只是被安排在图书室看管图书，图书编码、分类及录入、统计、上架

等许多需要专业化技术知识和体力的工作都不能完全胜任。事实上，图书管理工作的复杂性及未来图书管理对教师信息素养的要求，无论对兼职教师或老教师都是一种挑战，他们需要熟悉图书电脑管理软件应用和图书编码、分类及录入、统计等许多专业化工作，专业化的图书管理员队伍建设需要引起高度重视。

三、优化供给乡村中小学图书资源的建议

在国家全面改善贫困地区薄弱学校办学条件和加快义务教育学校标准化建设的现实背景下，政府、学校、社会等都应该对乡村中小学图书资源建设工作予以高度关注和大力支持，明确各自责任并加以切实落实，切实推进乡村中小学图书资源建设与应用工作。

（一）提升图书质量，精准投入按需供给

1. 积极配给各学校所需图书

各级财政应抓住难得的契机，根据国家推进义务教育发展均衡（市县、区）建设的要求，划拨中小学图书建设专项经费，按照教育部推荐的中小学生阅读书目配给各学校所需图书种类。配套购置学生非常感兴趣并急需的自然科学类、故事类、童话类、动漫类、低年级的画册类、音美等艺术类、心理健康类以及与学生年龄特点相适应的科技科普类、创新思维培养类图书；另外还要补充体现当前教育教学成果及与新课标、新教材相配套的名师案例类、优秀教师经验类、教师基本功培养类等教师用书。

2. 图书配给向薄弱学校倾斜

各地教育部门在教育经费预算中应将中小学图书资源的购置费作为单项进行明确安排，并且在安排中应适度且有针对性地向乡村地区的中小学及薄弱学校倾斜。将中小学图书资源建设的工作目标和任务与学校标准化建设相结合，进而制订相应的资金筹措计划，并逐步健全图书资源采购机制，使师生、家长及专家学者等多主体参与进来，充分发挥全社会的民主监督作用，

提高图书资源采购质量。

3. 图书及时剔旧换新

各学校要根据其图书的实际及个性需求，合理确定图书藏书复本量标准及藏书定向补充和剔旧原则，基于实际的需求制订图书增剔工作计划并严格执行，并且在剔除旧图书的同时每年至少生均新增 1 本纸质图书，以使生均纸质图书册数达标。探索建立学生、教师读书反馈和评议推荐制度，选出学生和教师心目中的好书，将学生及教师的反馈作为日后选择图书的重要参照。

4. 加强监管

新闻出版部门等应负起其应尽的义务，对学校图书馆管理加强监管，对中小学图书馆馆藏招标采购单位资质等条件严加审查，并加大打击的力度，严禁以盗版图书为代表的非法出版物及不适宜中小学生阅读的、不符合市场价位的图书、音像制品及电子出版物进入中小学图书馆（室）。

（二）加大中小学数字图书室及配套阅览条件建设力度

1. 加快校园网络建设

要针对乡村中小学的信息化建设进程比较缓慢、与国家要求的“三通两平台”建设目标还有差距、校园网建设还没有达到所有学校全覆盖、学校网络教学和学习环境还没完全得到有效改善的现实问题，集中财力，加快校园网络建设，尽快实现网络建设“校校通、班班通、人人通”，通过网络平台和电子图书建设来推进乡村中小学图书建设工作。

2. 推进数字图书馆和信息资源建设

各地应充分发挥教育主干网、城域网、校园网的作用，以县级网络中心为依托，辐射县域内所有中小学，不断推进数字图书馆和信息资源建设。

3. 建立中小学数字图书馆网络体系

逐步建立并完善省级、地市级、县级、中小学数字图书馆网络体系，为中小学图书馆（室）、公共图书馆馆际数字资源共享搭建公共服务平台。县级以上数字图书资源中心要能够满足区域学校教育教学和广大师生电子阅读需求，为师生获取数字图书和电子期刊等数字资源提供方便。

4. 实现资源共享

逐步实现中小学图书馆（室）管理的信息化和服务形式的网络化，探索动态实现区域内中小学图书馆（室）纸质图书、报刊的联合采编、公共检索、馆（校）际互借等功能，做到资源共享，避免浪费。

（三）创新图书管理方式，充分发挥图书育人作用

《教育部、文化部、国家新闻出版广电总局关于加强新时期中小学图书馆建设与应用工作的意见》（教基〔2015〕2 号）提出，到 2018 年，结合全面改善贫困地区义务教育薄弱学校基本办学条件、中西部乡村初中校舍改造工程等重大项目实施，有条件地区要按照学校建设标准补充新建图书馆，改善不达标图书馆，不具备条件的乡村中小学、教学点要建有图书柜、图书角。到 2020 年，绝大部分中小学要按照国家规定标准建有图书馆。因此，要结合各省市大部分乡村中小学校图书室及其配套设施严重不足的现实，切实落实要求，将图书馆（室）纳入中小学建设规划，对中小学图书馆（室）的功能定位、馆（室）舍面积、配套设施、馆（室）藏保障、资源利用、队伍建设、管理应用等方面做出合理安排。

1. 加快推进中小学图书馆（室）建设

逐步将图书馆（室）建设成为设施齐全、功能完备、运转顺畅、服务便捷、使用高效的育人阵地和重要课堂。

2. 创造良好读书氛围

鼓励有条件的学校利用图书、报刊布置走廊、教室等边角空间，将图书放在各班级走廊的开放书架内，供学生阅读，倡导学生自主管理、诚信取阅，形成学校似乎置身于“图书馆”中的良好氛围。

3. 方便学生阅读

创新图书借阅方式，简化图书借阅管理，以各班级为单位定期进行图书借阅，然后摆在班级图书角内，供班级学生阅读，或允许特别热衷阅读的同

学直接到图书室进行借阅，利用课间及早晚自习进行阅读，使师生阅读方式广泛多样、阅读选择丰富多元。丰富学生课后生活，特别要为家庭贫困学生、寄宿制学校学生、乡村留守儿童提供便利阅读条件，充分发挥图书的育人作用。

（四）加强乡村中小学图书管理队伍建设

乡村中小学图书资源建设与完善离不开专业的图书管理员队伍建设，只有专业的图书管理人员才能够对图书资源进行有效管理，提高为学校师生服务的质量与效率，充分发挥图书的育人作用，为提高教学质量及人才培养质量提供帮助。

多种方式吸收优秀人才加入中小学图书管理队伍，可以通过招募学生、社会热心人士来扩充中小学图书管理人员队伍。探索建立中小学图书资料系列专业技术岗位，并结合中小学教职工的实际数量，合理确定图书资源专业技术岗位的编制，建立完善的资格准入、岗位聘用和定期考核制度。对图书管理工作的兼职教师进行职业培训，提升其管理的能力与效率。创新培训机制，建立分层分级培训体系，制订培训计划，提倡利用网络资源平台开展远程培训，增加对图书管理员的技能培训，包括图书分类、现代化图书管理等。在职务（称）评聘、晋升、评优评先、待遇等方面，给予图书管理人员与教师同等机会，以激发图书管理人员的工作热情。

（五）充分发挥县域公共图书馆、文化和新闻出版等部门的社会服务功能

按照《全民阅读“十三五”时期发展规划》要求，制定和完善公共图书馆、基层综合性文化服务中心、农家书屋等公共文化服务设施建设标准和资源配置标准。加快促进城乡基本公共文化服务均等化，实现农村、城市社区公共文化服务资源整合和互联互通。充分发挥各级各类图书馆在阅读推广中的重要作用。

1. 建立公共图书馆

以政府为主导，联合教育、文化和新闻出版部门，或动员社会团体和公民个人等社会力量，以县（市、区）为单位整合现有资源，建立公共图书馆。根据不同年龄、不同学生的需求，购置一些学校买不起、比较贵重而又是学生急需或非常感兴趣的图书，由学校统一到公共图书馆借阅，回学校分发给学生阅读，各个学校定期更换，让这些图书成为县域内中小学的共享资源流动起来，有效利用。

2. 形成中小学图书室与公共图书馆馆藏资源共享的格局

充分发挥校外公共图书馆、文化和新闻出版部门图书资源的作用，形成中小学图书室与公共图书馆馆藏资源共享的格局，带动全民阅读，助推公共文化服务体系、学习型社会和书香社会建设，彻底解决乡村中小学可读图书少、图书质量差、图书更新不及时等问题。

3. 加强出版物发行网点建设

加强乡村和社区网点建设，支持实体书店、书报亭、高校书店等各类阅读设施的发展，发挥其促进全民阅读的公益功能。在充分利用现有设施基础上，统筹建设社区阅读中心、数字农家书屋、公共数字阅读终端等设施。

第四章

乡村教育振兴与教育管理改革

目前的乡村振兴最缺少的是人，最缺少让乡村振兴的信心和希望，而能够有效解决这些问题的是乡村教育振兴。乡村教育振兴，不仅可以给沉寂的乡村带来希望的读书声，给凋零的空心村带来精气神，还可以给乡村振兴带来人才效应。而这一切需要启动振兴乡村教育的改革。

第一节　辽宁省乡村学前教育管理的主要问题与改进建议

自国家和省《中长期教育改革与发展规划纲要（2010—2020）》《中共辽宁省委辽宁省人民政府关于加快教育改革和发展的若干意见》《学前三年行动计划》等文件出台后，辽宁省不断加强乡村幼儿园的建设，农村学前教育普及率逐步提高。但在普及过程中，乡村学前教育仍存在管理体制不明晰，投入保障机制没建立，幼儿园覆盖面不够，幼儿教师身份、待遇和聘任程序不明确等问题。为此，调研组对庄河、义县、铁岭县、法库等地进行了实地调研，对科学合理规划县、乡、村幼儿园网络，划分各级政府发展和管理乡村学前教育的职责，建立经费保障机制，加强乡村幼儿教师队伍建设等一系列问题进行了研究及探索。

一、辽宁乡村学前教育管理存在的主要问题

乡村学前教育是我省学前教育发展的重点和难点。当前，我省学前教育区域发展失衡，乡村学前教育发展相对滞后。调研显示，当前我省乡村学前教育主要存在管理体制和机制不清，学前教育资源短缺、投入不足，机构布局有待调整和完善，公办幼儿园比例较低，民办幼儿园条件和水平参差不齐，幼儿教师数量不足，整体素质和工资待遇偏低等问题。

（一）乡村学前教育管理体制不清

通过对庄河、义县、铁岭县、法库等地调研发现，当前我省乡村学前教育管理体制不明确，管理形式因地而异，各地根据自身情况采取不同的管理方式。如庄河采取的是政府负责，分级管理的学前教育管理体制。即由市政府负责全市公办园建设和各类学前教育机构的管理工作，乡镇政府承担发展乡村学前教育的主体责任，负责举办乡镇中心幼儿园，办村园，负责教师的聘用、工资及待遇，负责筹措经费，改善办园条件。庄河使乡镇中心幼儿园成为独立的法人事业单位，将村园作为乡镇中心园分园，纳入乡镇统一管理。义县则采取以乡镇中心园为中心，以村小办分园为主体，民办园为补充的校办校管、民办校管的乡村学前教育一体化管理模式。铁岭县由教育行政部门创立百树幼教集团，把总部设在铁岭县幼儿园，负责统筹全县连锁幼儿园的园所管理、业务指导、师资培训、扶持发展等工作。法库则是公办、民办并举的连锁发展的学前教育体系，民办幼儿园由连锁企业进行管理和投入。

（二）乡村学前教育经费投入不足

自《辽宁省中长期教育改革与发展规划纲要（2010—2020）》发布以来，我省积极推进学前教育发展，大幅度提高学前教育投入，但乡村学前教育经费投入比例仍然偏低。调研发现，由于各区县经济发展不平衡，导致乡村学前教育投入水平差距很大。如经济条件较好地区，坚持政府主导，县区政府

持续大幅投入，改扩建乡镇中心幼儿园，同时对乡村学前教育经费不断加大。而一些经济条件较差的地区，如锦州义县等地区，由于园舍、教学设备等配套设施不足，经费投入十分有限。

（三）乡村幼儿教师队伍不稳定

调研发现，当前我省乡村幼儿教师队伍不稳定，教师缺乏编制现象严重。有编制的幼儿教师不足 10%，且这些编制全部集中在乡镇中心幼儿园，村园幼儿教师没有编制或占用小学编制。教师学历多为幼师专业中专学历，村园幼儿教师业务能力较差，专业知识、教学水平与城市幼儿教师存在较大差距。幼儿教师工资水平较低，基本保障不足，调研地区乡村幼儿教师工资在 500—1000 元之间，且无失业、医疗等基本的社会保障。

（四）乡村民办幼儿园办园质量较差

近年来，由于乡村公办园覆盖体系不完善，政府没有起到发展乡村学前教育的主导作用，无法满足乡村幼儿的入园需求，乡村民办幼儿园发展很快。但这些民办幼儿园承办者的资格、办园条件、教师资格、登记注册、收费标准、办园质量缺乏有效的管理与规范，不经登记注册非法办园的比例很大，这些园所大多是家庭式托幼园所，房舍条件差，缺乏基本的活动器械和各种图书、玩具，缺乏饮水、消毒等基本保育生活设施；师资条件差，教师配备不足，教师大部分不具备幼儿教师任职条件，多数乡村民办幼儿园存在较为严重的“小、黑、散”问题。

（五）乡村学前教育小学化现象严重

调研发现，乡村学前教育小学化现象比较严重，主要表现在以下三个方面：一是教学内容小学化，许多小学一年级的教学内容搬到幼儿园；二是教学形式小学化，按照小学班级授课的形式给幼儿讲课，教育活动中符合学前儿童心理和生理特点的游戏活动较少，不能贯彻以游戏为主的教学理念，并且大多数教师素质偏低，教学不规范，使幼儿养成了一些到小学很难改掉的不良习惯；三是管理模式小学化，部分园长和教师教育观念陈旧，按照小学的管理模式对教师和幼儿提出要求，缺少幼儿园和小学衔接的有效探讨。

二、对乡村学前教育管理存在问题的思考

当前我省乡村学前教育出现管理体制不明晰、机构布局不完善、幼儿教师队伍不稳定，民办园质量低等问题，这些现象和问题值得所有政策制定者和教育工作者讨论和反思。

（一）政府主导责任缺失衍生乡村学前教育诸多问题

国家推行学前教育以“政府办园为示范，以社会力量办园为主体”的政策导向，使我国公办学前教育开始逐步退出市场，许多地方政府在深感保障义务教育压力巨大的同时，趁机纷纷将公办学前教育推向市场，民办学前教育机构开始涌现。辽宁省执行国家政策，也对公办园进行改制，致使大量优质公办幼教资源流失，衍生出学前教育诸多新问题。由于经济社会发展水平与城市差距明显，乡村学前教育政府主导责任缺失带来的后果更为严重。政府主导责任缺失，管理体制不明晰，投入不足，是当今乡村公办学前教育资源匮乏的重要原因。公办学前教育资源无法满足幼儿入园需求，同时也无法有效调控乡村学前教育市场，导致“入园难、入园贵”现象日益加剧。

（二）乡村义务教育管理体制和税费改革间接影响学前教育发展

随着乡村义务教育管理体制的不断完善，一些人认为学前教育是非义务教育，从而推卸政府的责任，以致乡村幼儿园无人管理。有些地方不能把学前教育和义务教育、高中教育、职业教育放到同等重要的位置，对学前教育投入少，管理少，过问少，学前教育管理机构撤并，管理人员少，教学研究力量不足等现象普遍存在。调研显示，在乡村，政府无投入，收费标准偏低是造成幼儿园经费紧张、影响乡村学前教育发展的重要原因。由于各区县经济发展不平衡，乡村幼儿园收费普遍在60—90元之间。幼儿园正常的运转费用和幼儿教师的工资主要是通过幼儿园收取的管理费支付的，教师工资占收费的比例过大，幼儿园正常公用经费严重不足，制约和影响了乡村学前教

育的发展。

税费改革后，农村教育附加费被取消，使学前教育投入经费的又一来源枯竭。有数据表明，乡村幼儿园教师工资 19% 来自农村教育附加费，税费改革后，这一部分保障又失去了。另外，随着乡村义务教育管理体制改革深入，乡村学前教育被剥离出来，乡村办园主体的责任不明确，许多乡镇和村不愿意承担学前教育的责任，视幼儿园为包袱，或投入少，或随意停办，更导致乡村幼儿园经费的严重短缺。

（三）多因素制约乡村幼儿教师队伍建设

幼儿教师队伍建设是影响学前教育质量的关键因素，当前乡村幼儿教师队伍建设存在的诸多问题是由编制配备不足、工资待遇没有保障、低质培养培训等多种因素造成的。

1. 编制稀缺

目前蓬勃发展的幼儿教育事业对幼儿教师的大量需求与人事制度改革压缩编制存在着巨大矛盾，造成了幼儿园普遍缺编的矛盾。在调研的幼儿园中，缺编情况达到 100%，61.8% 的乡村幼儿教师都没有编制，这些教师都属于工资及待遇都较低的“临时工”，而且这种情况目前没有改变的趋势，很多教师由于无正式编制而缺乏归属感、责任感，且与有编制教师工资差距巨大，“同工不同酬”现象严重，造成教师队伍不稳定状况加剧。

2. 教师待遇低、缺乏保障

《教师法》中明确规定“中小学教师应包括幼儿教师”，也就是说国家已经把乡村幼儿教师纳入中小学教师行列。但是，大部分乡村幼儿教师的资格一直未得到认可，组织人事部门没有登记在册，身份不明确，大多被视为临时工，工资低，无保障，挫伤了幼儿教师的工作积极性，造成了幼儿教师队伍不稳定。

3. 乡村幼儿园经费不足，幼儿教师培训困难

随着经济社会发展和人民生活水平提高，家长对幼儿教师的专业水平和业

务素质均提出了更高的要求。就目前乡村幼儿教师现状来看，其教育理念、教育行为、素质能力与要求相差甚远，幼儿教师培训渠道窄、培训质量低、幼儿教师专业素质不高是乡村学前教育师资培训的难点，也是造成乡村师资队伍素质差，乡村幼儿教师社会认可度低，幼儿教师队伍不稳定的重要原因。

三、关于加强乡村学前教育管理的建议

新的历史条件下，创新成为促增长、调结构、惠民生的重要引擎，乡村学前教育管理体制的改革也应该如此。然而，一切管理体制的改革只有以制度创新为引领，在制度建设方面着力，才能真正取得实效。针对当前乡村学前教育发展中的困境与问题，乡村学前教育管理体制方面的制度创新应当找准和抓住如下几个着力点。

（一）建立和完善以县为主，县乡共管的学前教育管理体制

实践证明，乡管学前教育受到乡财政情况的制约。要促进乡村学前教育发展，就需要进一步明确县、乡、村的责任，理顺当地学前教育的管理体制。应由县级政府负责制订本辖区事业发展规划并组织实施，调整幼儿园布局，落实学前教育经费，举办普惠性公办幼儿园，负责各类幼儿园的审批与管理、教育教学指导等方面的统筹管理。乡镇政府承担发展乡村学前教育的责任，提供办园土地和资源，举办乡镇中心幼儿园。明确乡镇中心幼儿园的办园主体，确立乡村公办幼儿园的法人资质，为其师资配备破除体制障碍。由于部分乡村幼儿园依附在乡镇中心校，若强行剥离可能无法生存，可以考虑将已经建成的有一定规模的公办幼儿园规范成为有独立法人资质的幼儿园，新建幼儿园按公办幼儿园审批程序办理，省级编制部门制定乡村幼儿园编制标准，为合理配备幼儿师资提供依据。

（二）落实政府责任，加大乡村学前教育投入

目前的乡村公办幼儿园没有规范的经费来源渠道，其运转基本上靠收费支撑，这使乡村幼儿园只能维持低水平运转下的缓慢发展。省、市、县、乡

镇政府要承担起对学前教育的投入责任，将学前教育经费列入各级政府财政预算，要明确学前教育财政性投入占教育财政性总投入的比例，新增教育经费向学前教育倾斜，并逐步提高。各地应建立扶助贫困地区发展学前教育的政策，制定公办幼儿园公用经费标准、生均拨款标准。县级财政应承担起公办幼儿教师工资，并统一标准，将学前教育经费列入年度预算，设立单独的科目。逐步建立起以财政投入、举办者投资与儿童监护人合理分担的多元投入体制。

（三）扩大乡村学前教育资源，构建乡村学前教育网络

调研发现，当前乡村学前教育还达不到“保基本，广覆盖”要求。应考虑根据乡村实地情况，采取乡镇和大村独立建园，小村设分园或联合办园，人口分散地区举办流动幼儿园等措施扩大覆盖面。在建园过程中，可以结合当地的新农村建设，充分利用现有资源及中小学布局调整后空余的校舍新建、改扩建标准化幼儿园。通过多种方式，努力扩大乡村学前教育资源，满足家长就近让孩子接受学前教育的需求。形成以公办的乡镇中心幼儿园为主体和示范，以村办幼儿园为基础，以灵活多样的学前教育形式为补充的乡村学前教育网络。

（四）建立稳定的高素质师资队伍

1. 妥善解决乡村幼儿教师编制问题

按照乡村学龄人口和幼儿园的规模核定乡村公办幼儿园教师编制，并保证园长和骨干教师配足配齐，财政部门拨付其人员经费，其余人员采取聘用的办法解决。县级教育行政部门依照国家和地方有关法规制定统一的非公办教师聘用政策。

2. 加强对幼儿教师的培训

建立幼儿园教师（保育员）全员培训制度，构建以专门的艺术幼儿师范学校为骨干、各市幼儿师资培养基地为基础，师范院校本科和研究生学前教育人才培养为学术支撑的幼儿教师培养体系。通过实施“乡村幼儿园教师特

设岗位计划”，解决乡村幼儿园合格师资短缺问题。同时可以考虑从中小学布局调整后富余的教师中选择身体健康、年龄适合、愿意从事学前教育工作的教师进行转岗培训，经培训获得幼儿教师资格后持证上岗。

3. 要依法落实和提高乡村幼儿教师的待遇和社会地位

逐步完善幼儿教师的社会保障体系，切实保障幼儿教师的合法权益，保障公办幼儿园在编教师享受国家规定的各项工资福利待遇。为缩短城乡教师待遇差距，乡村公办幼儿教师工资可以考虑享受中小学教师工资标准，由县级财政部门统筹发放，同时建立乡村非公办教师最低工资保障制度和乡村幼儿教师养老、医疗保险制度。

第二节 辽宁省乡村中小学家校合作共育现状与推进策略

习近平总书记在2018年全国教育大会上的讲话中明确指出，“我国教育的根本任务是培养德智体美劳全面发展的社会主义建设者和接班人”。承担这一根本任务的不单单是学校教育，还需要整个社会的共同努力，尤其是家庭教育。当前，家校合作共育已经逐步走上专业化之路，各地家校合作共育实践的深度和广度得以不断开拓，同时家校合作共育也面临一些新情况和新问题，需要深入研究。

一、中小学家校合作共育的基本内涵与理论基础

学校和家庭是每个人一生成长中接受教育的最重要场所，发挥学校和家庭的合力，对于学生更好发展具有重要作用。家校合作共育是教育领域新的研究热点，但是相关研究起步比较晚，尚未形成系统的理论体系。因此，开展家校合作共育研究有必要对其内涵和理论支撑作简单梳理。

（一）家校合作共育的内涵

家校合作共育概念当前尚无明确的界定，泛指在培养学生成长为德智体

美劳全面发展人才的过程中，家庭和学校产生的教育合力。马忠虎教授在《基础教育新概念——家校合作》一书中指出："家校合作共育是指对学生最具影响的两个社会机构——家庭和学校形成合力对学生进行的教育，使学校在教育学生时能得到更多的来自家庭方面的支持，而家长在教育子女时也能得到更多的来自学校方面的指导。"本文结合新时代教育承担立德树人的根本任务，将家校合作共育的概念界定为：家庭和学校以学生为核心，以培养德智体美劳全面发展的人为共同目标，以国家教育政策为宏观指导，双向互动，共同合作，形成促进学生健康成长的教育合力，对学生进行有效教育活动的合作育人模式。①

（二）基于重叠影响阈理论的家校合作共育

美国约翰·霍普金斯大学家长与社区项目研究的主持人爱普斯坦（Epstein.J.L）提出，只有通过学校、家庭、社区之间建立一种新型的伙伴关系，家长参与学校教育的实践活动，学校的教育氛围才能够改善。学校、家庭、社区只有形成教育合力，才能更好地帮助所有学生在学校和未来走向社会的生活中取得成功。学校、家庭和社区三者既可以单独对学生的发展成长从不同角度发挥各自的育人作用，也可以作为伙伴关系，交互叠加作用，协同承担学生德智体美劳全面发展的任务和责任，共同构成学生成长的场域，这就是爱普斯坦的重叠影响阈理论。重叠影响阈理论强调了社区、家庭和学校的叠加影响力，也强调了家庭、学校、个体和社区对学生成长发展具有教育的合力。基于重叠影响阈理论，家校合作共育应该以学生为中心，家庭和学校在学生的教育上相互配合、交互影响，是双向的教育活动，家长是学校的支持者、参与者，学校是学生教育的组织者、主导者，家长和学校共同承担学生全面发展的任务和责任，协同推动学生的健康成长。②

---

① 陆可．我国小学阶段家校合作的问题与对策研究［D］．青岛：青岛大学，2018：5—7.

② 周来娣．基于重叠影响阈理论对江阴市农村初中家校沟通的调查研究［D］．苏州：苏州大学，2011：14—16.

（三）基于参与式管理理论的家校合作共育

从管理理论的发展趋势看，管理越来越强调对人的关注。1986 年，美国学者劳勒（Lawler）出版了《高度参与式管理》一书，提出了参与式管理理论。参与式管理早期是为了在企业提高工作绩效的背景下发展起来的一种有利于组织发展的管理方式，从权利、信息、知识与技能以及奖酬四个方面架构了企业员工参与管理的可能性前提。参与式管理的思想也深深影响着学校的组织管理，对于建立现代学校管理制度、构建家校合作共育体系具有重要的借鉴意义。基于参与式管理理论的家校合作共育，给家长、教师、学校和社区以及其他利益集团一定的教育决策权，调动各方力量参与学校管理的积极性，使家长从只关心学生的学习，逐步走向参与学校的行政事务、组织决策等管理活动，由学校的管理客体成为学校管理的主体，教师也增强了育人的责任感和使命感。家长和学校、教师共同做出利于学生成长、全面发展的决定，共同为学校发展承担责任和履行义务，更有效提升育人质量、促进学生全面发展的同时，也增强和提升教师和家长的观念、能力。[①]

二、中小学家校合作共育的现状调查

本研究选取了辽宁省 14 个市的 112 所乡村中小学校作为样本进行问卷调查，同时与家长、教师、学生、教育管理者四个层面进行访谈，对中小学家校合作共育的理念、内容、形式、效果以及发展程度进行了全面调查。

（一）调查问卷的设计与发放

由于在已经发表的文献中没有关于家校合作共育的调查问卷，因此课题组根据研究构想将家校合作共育分为三个维度，即合作内容、合作方式和合作效果。家校合作共育内容主要从教师与学生经常谈话的内容以及组织学生参加课余活动情况、家长参加学校各项教育活动的积极性、家长对学生在学

---

① 杨天平，孙孝花．近 20 年来美国家长参与学校教育管理的角色［J］．学术研究，2007（2）：149—152.

校学习关心情况、学校开展培养学生良好品德实践活动情况、学校对学生在家庭中道德表现关注情况等方面进行调查。家校合作共育方式主要从学校建立向家长定期反馈学生品行的机制、学校指导家长进行学生思想教育、家校共同解决学生心理问题、教师与家长互相沟通时的方法及态度、家长与孩子沟通的方式方法等方面进行调查。家校合作共育效果主要从家长与学校沟通给学生带来的学习方面和生活方面的影响、家长和学校对学生进行思想教育所起的作用、家校合作后学校与家长的沟通次数变化情况等方面进行调查。

考虑到家校合作共育的参与者包括教师和家长两个群体，而家长在家校合作共育中的表现通过学生这个群体就能了解清楚，并且问卷便于发放和收集，因此课题组分别编制了家校合作共育教师问卷、家校合作共育学生问卷。问卷编制过程中邀请两位资深专业研究人员分别编制教师问卷和学生问卷，并且对问卷进行交叉审阅。最后，通过小组讨论，删除不能达成共识的题目，随后邀请 10 名教师、2 个班级初中生和 2 个班级的小学生对问卷进行了试读后，最终确定教师问卷 28 个题目、学生问卷 25 个题目。

课题组选择 112 所乡村中小学校作为样本，以在校学生和教师为调查对象，发放学生问卷 7272 份，回收有效问卷 6447 份，有效率为 88.7%；发放教师问卷 2196 份，回收有效问卷 2104 份，有效率为 95.8%。

（二）问卷的信度和效度检验

1. 问卷信度检验

本研究通过内部一致性系数（α）和分半信度来考察问卷的信度。两种问卷各个维度及问卷总的内部一致性系数和分半信度见表 4–1。

表 4-1　教师问卷及学生问卷各维度及总问卷的信度

		合作内容	合作方式	合作效果	总问卷
教师问卷	α	0.78	0.67	0.72	0.89
	分半信度	0.65	0.71	0.68	0.87
学生问卷	α	0.65	0.67	0.76	0.85
	分半信度	0.78	0.77	0.75	0.88

一般来说信度系数大于 0.7 时说明该测量工具的信度比较好，大于 0.8 时说明信度非常好。从表 1 可以看出，教师问卷、学生问卷的个别维度信度系数小于 0.7，但是大于 0.6，符合教育测量学对研究工具的基本要求，总问卷的信度均接近 0.9，从总体上看教师问卷和学生问卷都具有较好的信度。

2. 问卷效度检验

结构方程模型是结合了因素分析和路径分析的一种现代统计方法，目前已经广泛应用于验证问卷结构效度和检验理论与数据的拟和程度，它提供的多种拟合指数可以帮助研究者对假设模型作出评价。由于不相同的拟合指标所评定的内容侧重不同，所以，对于一个模型来讲，它的好坏应该以多个拟合指标进行综合评价。参照研究者们所使用的指数，本研究选 RMSEA、NNFI、CFI、GFI 和 PNFI 对模型进行评价。RMSEA 取值范围均在 0 和 1 之间，如果其取值范围越接近于 0，那么就表示我们所观测的数据与模型拟合得越好。当 $RMSEA > 0.1$ 时，就表示我们所观测的数据与模型拟合得不良；当 $0.08 < RMSEA < 0.1$ 时，就表示我们所观测的数据与模型有中度拟合；当 $0.05 < RMSEA < 0.08$ 时，就表示我们所观测的数据与模型拟合得较好；当 $RMSEA < 0.05$ 时，就表示我们所观测的数据与模型拟合得良好。NNFI、CFI、GFI 三个拟和指标取值范围在 0 至 1 之间，越接近 1，表示模型拟合得越好，大于 0.90，则认为模型得到较好拟合。PNFI 是反映模型省俭度的指标，如果 PNFI 的值越接近 1，就表示越好，但是要大到什么程度，却没有一个统

一的标准，所以目前有些学者建议，如果我们不做模式比较的话，就可以采用大于 0.5 作为模型是否通过的标准。

本研究是基于理论来建构的问卷，因此选用结构方程模型的验证性模式策略，其目的是以所收集的数据来检验所界定的理论模式是否一致。运用本研究得到的数据对编制的问卷结构进行验证，具体结果见表 2。由表 2 的分析结果可见，各项指标均达到要求，问卷具有较好的效度。

表 4-2　教师问卷及学生问卷的验证性分析结果

	RMSEA	NNFI	CFI	GFI	PNFI
教师问卷	0.08	0.93	0.95	0.91	0.71
学生问卷	0.07	0.94	0.95	0.87	0.81

（三）问卷及座谈访谈调查结果

1. 家校合作共育的理念认知

为了解教师和家长对于家校合作共育的重要性和必要性的认识与理解程度，在召开家长和教师座谈会时，课题组成员对他们进行了访谈。从家长的访谈结果看，有 46.6% 的家长认为家校合作共育就是在学校举行有利于孩子的活动时，主动召集家长到学校来参加，帮助学校共同教育孩子；23.2% 的家长认为家校合作共育是家长应该主动与学校联系沟通，有利于帮助自己孩子成长；30.2% 的家长认为家校合作共育是学校与家庭共同培养教育孩子。另外，有 32% 的初中生家长和 46% 的小学生家长积极参与学校组织的学生思想品德教育活动。

从教师的访谈结果看，78.1% 的教师认为家校合作共育应该是家长和学校作为合作伙伴，共同完成培养学生成人成才的任务，但仍然有 21.9% 的教师认为家校合作共育大部分责任应该是在家长的支持，是单一方面主动开展的活动；74% 的小学教师和 66% 的初中教师认为有必要经常与家长沟通学生的思想品德与思想状况，以便家长除了学习之外，还能够在其他方面对孩子进行良好的教育；而其余 26% 的小学教师和 34% 的初中教师认为没有必要经常与家长沟通。访谈结果表明，管理者对家校合作共育的理解更加准确，大部分学校管理者积极引导家长参与学校事务，也提倡教师与家长经常沟通交流，但是仍然有 24% 的小学德育课程和 19% 的中学德育课程根本没有安排家长参与的部分。

2. 家校合作共育的角色定位

为了解家长和教师是否清楚自身的责任和角色定位，课题组在座谈会上对他们进行了相关问题的提问，受访者表达了自己的观点和看法。数据显示，91.2% 的家长认为学校和家长在学生的教育过程中，双方都有责任，只有 8.8% 的家长认为教育孩子完全是学校的责任或者是学校的责任比较大。不难发现，现在的家长已经认识到了在孩子的教育中，他们同样发挥着重要的作用。但是仍然有 26.2% 的家长认为自己只是子女学习的教育者，25.2% 的家长认为自己是配合学校的服从者。52% 的小学生家长和 83% 的中学生家长对学生在校的学习情况比较关注并经常询问，40% 的小学生家长和 35% 的中学生家长对学生学习以外的兴趣爱好经常或总是关注。

从教师的访谈结果来看，只有 23% 的小学教师和 30% 的中学教师认为学校承担着提高学生思想境界的主要责任，其他 77% 的小学教师和 70% 的中学教师还没有清醒地认识到学校这一主体功能；另外，有 50% 的小学教师和 60% 的中学教师认为如果学生出现心理问题，主要责任在家长，与学校关系不大，49% 的小学教师和 46% 的中学教师认为学生政治素养较低的主要原因是家庭教育不足。

3. 家校合作共育的内容、形式及效果

课题组设计了教师问卷和学生问卷，通过教师和学生用“非常符合”“比较符合”“不确定”“比较不符合”“非常不符合”五个程度选项，对问题表明自己的态度，分别对家校合作内容、合作方式、合作效果进行了问卷调查。其结果见表 4–3 和表 4–4。

表 4–3　中小学教师问卷统计表　　N=2104

	非常符合	比较符合	不确定	比较不符合	非常不符合
合作内容	9.0%	66.8%	23.1%	1.1%	0.0%
合作方式	9.4%	66.9%	22.2%	1.4%	0.1%
合作效果	9.1%	54.8%	33.3%	2.5%	0.3%

表 4–4　中小学生问卷统计表　　N=6447

	非常符合	比较符合	不确定	比较不符合	非常不符合
合作内容	4.4%	22.0%	65.6%	7.1%	0.9%
合作方式	4.7%	26.1%	63.1%	5.3%	0.8%
合作效果	20.3%	37.2%	31.4%	9.1%	2.0%

从合作内容的调查结果来看，有 9.0% 和 66.8% 的中小学教师、4.4% 和 22.0% 的学生认为家校合作内容非常或比较符合实际，对学生的全面素质提升和健康成长有促进作用，其余 24.2% 的中小学教师和 72.7% 的学生认为不确定或比较不符合，认为家校合作内容比较单一，仅以提高学生学习成绩为主。

从合作方式的调查结果来看，有 9.4% 和 66.9% 的教师、4.7% 和 26.1% 的学生认为家校合作方式非常符合或比较符合实际，能够让教师、家长和学生们接受，其余 23.7% 的中小学教师和 69.2% 的学生认为不确定或不符合。大部分学生和教师认为，当前家校合作的唯一方式是召开家长会，在会上教师只是单纯地向家长们介绍学生的考试成绩，然后给家长提一些学习和班级管理上的要求。除此之外，最常用的方式还有班级 QQ 群、微信群、学校留言板等，都是用来由教师单方面向学生家长群发通知、要求或者作业等信息。另外一种家校合作共育的交流平台就是家长委员会，但目前在很多学校都是摆设，甚至有一部分家长根本就不知道它的存在，使家长委员会失去了应有的作用。

从合作效果的调查结果来看，有 55% 的小学生认为开展家校合作后家长与学生沟通增多了，72% 的初中学生认为开展家校合作后，父母更善于与他们交流了，68% 的初中生认为家校合作活动把父母和教师紧密联系在一起了，70% 的初中学生认为家校合作活动带给他们更多的是思想品德、文娱技能方面的提升。大多数学生和教师认为，学生的思想道德、生活习惯、人际交往、身心健康等方面的合作共育还缺乏深入性和发展性，家长和教师的交流和沟通停留在学生学习成绩及现阶段的状态表现方面。

三、中小学家校合作共育存在的问题及其原因

家校合作共育是党和国家始终高度重视的教育组成部分，立德树人的根本任务又赋予中小学家校合作共育新的时代要义。目前中小学存在的家校合作观念淡化、家校功能定位偏差、家校责任边界不清、家校合作内容和形式单调、家校合作缺乏实效等问题亟待破解。

（一）对家校合作共育的认识仍然不足，家校合作共育的理念淡化

调查显示，目前还有部分家长、教师甚至是学校没有充分认识到家校合作共育的重要性，缺乏合作共育的意识。部分学校没有将家长纳入学校整体教育管理工作体系之中，仍然把家校合作置于学校事务的边缘；部分教师由于个性、能力的差异，对家校合作共育缺乏积极态度，甚至有些教师出现消极态度；很多家长根本就没有强烈的合作期待。随着社会发展进入新时代，有些家长已经认清了家校合作共育的必要性，但是由于缺乏参与学校管理的意识，所以他们参与学校事务的积极性、主动性不够，把教育学生的任务和责任过多地推到学校和教师肩上。

（二）家庭和学校的功能定位存在偏差，家庭和学校教育责任边界不清

在当前的家校合作中，学校和家长都没有对自身的功能定位有足够的认识，存在着偏差。调查结果显示，学校和教师认为自己的主要责任是教会学生知识、对学生开展道德教育，而不是与家长沟通、合作，所以未与家长建

立起真正的合作关系，与家庭的合作也是基于如何提高学生学习成绩的角度进行的，学校和教师的升学压力也使得教师不愿意再花时间去进行家访或网络互动，家校合作基本上流于形式，家长与学校的关系松散，没有持续性。[①]虽然很多家长都非常重视自己孩子的教育，但是没有意识到与教师良好沟通的重要性，认为学校应该承担无限的教育责任，家庭更多是在物质上、生活上对孩子予以支持，很少主动询问孩子在校现状，只是处于等老师打电话、发短信或微信的被动状态，导致家校关系中学生家长身份的缺失。

（三）家校合作的内容和形式单调，家校合作共育的实效性缺乏

调查显示，家长更关心孩子的学习成绩，家长与教师沟通时，占第一位的沟通内容是学生在学校的学习成绩，第二位的是学生在学校的日常表现，对于学生思想品德、兴趣爱好、心理健康等问题提及较少。尤其是在当前升学压力下，家庭更加关注的是孩子是否能够升入好学校、学校的师资是否能够支持孩子取得较高的学习成绩。教师在与家长沟通时，占第一位的也是学生是否在家庭中完成课后学习，占第二位的是学生及家长是否能够配合学校完成各种各样的教育实践，还有些小学低年级布置由家长代劳的课后作业及有些学校批改作业、看晚自习、搞卫生及监考等也由家长来代劳，把家长当成随叫随到的“编外教师”，违背了家校合作共育的初衷。[②]

从家校合作共育的形式来看，最普遍的就是家长会、电话和网络沟通。大多数班主任或科任教师，在手机上建立一个微信群或QQ群，把本班学生家长或所教学生家长拉进群里，需要全体学生了解的信息，包括学校的通知、班级的要求、反馈信息、甚至是布置作业等都在群里发布，这确实给家长和学校的联系与沟通交流带来了方便，但缺乏教师与家长的单独沟通，更缺乏对学生家长一对一的指导，缺乏家校合作共育的针对性和有效性，没有

① 李霞．浅谈当前家校合作的误区及对策［J］．中小学校长，2009（3）：10—11.

② 丁月，陈静．中小学家校合作存在的问题与对策［J］．现代教育科学（普教研究），2013（5）：20—21.

达到良好的合作效果，真正丰富的家校合作形式也未被有效运用。

从家校合作共育的成效来看，仍然有大部分学生和教师认为家校合作并没有真正产生效果。究其原因，从国家及地方教育行政部门来看，缺乏行之有效的约束、保障和指导家校合作共育工作的相应法规制度，也没有相应的家校合作共育工作评价体系和监督管理机制；从学校来看，家校合作共育的相关制度体系也不健全，家校合作共育工作难以有实质性进展，更没有根本性运行保障。

四、适应新时代的中小学家校合作共育策略

虽然家校合作共育中出现的问题集中体现在学校、教师和家长层面，但是家校合作共育是一项系统工程，其问题的解决不能只集中在学校层面，而是需要相关政策的整体设计和学校内外部环节的系统整合，才能从根本上厘清问题，解决矛盾。

（一）填补政策空白，明确家校双方责权边界

为了保障新时代中小学家校合作共育工作科学有效开展，针对国家和各级教育行政部门缺乏家校合作共育工作相关政策法规的问题，需要加强顶层设计，结合实际，出台明确家长和学校责任、义务和权力的相关政策法规，明晰学校、教师和家长在家校合作共育过程中的角色定位，确定学校、教师和家长在家校合作共育工作中的分工和工作内容。认识到家庭资本差距是孩子无法选择的先赋性差距，并对家校合作共育工作进行资金、技术等方面的支持，将家校合作共育工作纳入教育行政部门考核体系，确保新时代中小学家校合作共育工作在政策保障下走向制度化，促进学生德智体美劳全面发展。

（二）制订工作计划，推动家校合作共育制度化

从学校层面来讲，更应该高度重视家校合作共育工作，把家校合作共育工作作为学校整体工作的重要内容，纳入学校发展规划和年度工作计划中。根据学校自身发展实际，制订符合学校层次、类型、特点的家校合作共育计

划，对家校合作共育的目标、内容和形式等提出具体的指导意见和目标，确定家校合作共育工作的专门负责人，在学校安排家校合作共育的专门场所，比如家长会议室、家长活动区等，并拨出必要的专项资金，专门用于家校合作共育工作。同时，强调计划的可操作性和可执行性，制订详细的工作计划和考核评估指标，使其对于家校合作共育工作起到重要的参考和指导作用。

（三）搭建家校合作共育平台，创新家校合作共育内容和形式

为确保家校合作共育工作的有效性，需要在学生学习成绩和行为习惯养成这两个主要家校合作共育内容以及家长会、电话沟通和网络交流等主要家校合作共育形式的基础上，进一步拓宽家校合作共育内容，创新家校合作共育形式，弥补现有内容和形式的不足。要积极拓展家校合作新渠道，拓宽教育主管部门、学校、家庭以及公益组织、社会力量多方参与的家校合作领域。学校通过举行校园开放日活动，开展丰富多彩的、双方都能用心的、突出学生主体的、具有实效性的家校共育活动，为家长和教师的沟通搭建平台。充分利用信息化手段，建立校园网站，设立家校合作共育专栏，向家长推送学校相关政策、相关要求、活动专题、家庭教育相关知识，让家长之间、教师和家长之间在网站上充分沟通交流，大力提升网络服务的可及性及有效性。学校还可以大力拓展微博、微信和手机客户端等新媒体服务平台，拓展家校共育的信息服务渠道，为家长提供便捷的、个性化的指导服务。

（四）构建运行机制，推动家校合作共育规范化、常态化

为了保障家校合作共育工作规范化、常态化运行，需要成立专门的部门或自上而下的家校合作共育组织，专门负责对家校合作工作的开展进行规划和设计，并安排专人负责进行有效实施，也可以通过第三方机构来组织运行，整合家长、教师、学校领导和教育专家等专业力量，建立科学的运行机制，保证家校合作共育工作的有效性。同时，建立家校合作共育跟踪反馈机制，制定科学的评价指标，追踪家校合作共育的过程，对家校合作共育的效果进行评价和总结，不断改进家校合作共育工作中出现的问题，保障家校合作共育工作科学有效运行。

第五章

乡村教育振兴与弱势群体关注

弱势群体权利保障是学术界研究热点，关于弱势群体的定义，并没有统一的口径和标准，不同的研究者基于其研究目的和角度进行了定义。国际社会普遍将弱势学生群体分为三类：第一是从身体和生理角度，分为残疾学生、有心理疾病的学生、有其他学习障碍的学生；第二是从社会和经济角度，分为低收入家庭学生、父母失业或工时短的学生、偏远的高地、岛区和接近这些偏远地区的农村学生；第三是从文化和民族角度，分为少数族裔学生、难民和经常在不同地区流动的学生。根据我省经济社会发展水平和阶段特征，弱势群体主要包括流动儿童、留守儿童、残疾儿童、贫困家庭儿童、偏远农村儿童、服刑人员子女、孤儿、流浪儿童等群体。由于一些群体具有交叉特征，偏远农村儿童与贫困家庭儿童和留守儿童具有很大程度的交叉重复，所以不作为一个群体单独探讨。服刑人员子女、孤儿、流浪儿童多由民政部门进行统一管理和服务，并与教育系统对接，在此也不做单独探讨。在高度关注教育公平和社会公平的今天，对农村弱势群体的有效帮扶更具有战略意义。

第一节　辽宁省乡村小规模学校边缘性群体生存状态调查

在城镇化进程不断加快、人口出生率逐年降低、人们选择优质教育资源愿望增强、教育生态有待完善以及互相攀比文化心理等因素的影响下，乡村教育人口逐年减少，有些地区甚至出现断崖式递减。即使如此，乡村小规模学校的数量仍然不容忽视。2015 年，全国乡村小规模学校（不足 100 人的小学和教学点）共有 111420 所，占乡村学校总数的 55.7%，占全国小规模学校总数的 87.9%。2016 年颁布的《关于统筹推进县域内城乡义务教育一体化改革发展的若干意见》要求办好必要的乡村小规模学校，着力提升乡村教育质量，补齐乡村教育短板。习近平总书记也指出，“扶贫必须扶智，让贫困地区的孩子们接受良好教育是扶贫开发的重要任务，也是阻断贫困代际传递的重要途径。”

乡村小规模学校教育质量低下，集中反映在作为边缘性群体的学生身上。与城市以及发达地区相比，这些孩子身处多重不利处境，在日常的生活中很难得到家庭、社会和政府的有效支持，甚至经常发生一些非正常事件。关注这些孩子的成长是精准教育扶贫的核心任务。我们必须致力于减轻边缘群体面临的脆弱性问题，这些群体的无保障状态在长期演变过程中始终存在，面临着多重结构性制约，形成了性别、种族、工作性质和社会地位等方面的差异。[①] 结构性脆弱群体可能与其他人一样有能力，只是在不利的社会处境中无法获得人生出彩的机会。调研组开发了乡村学校调查表、学生调查问卷以及访谈提纲等不同调研工具，收集了来自辽宁省乡村学生大量的文件、数据和信息。在精准教育扶贫的背景下，描述乡村小规模学校弱势儿童

① 联合国开发计划署 .2014 年人类发展报告促进人类持续进步：降低脆弱性，增强抵抗力［EB/OL］. 人民网（2014-07-25）http：//world.people.com.cn/n/2014/0725/c1002-25339070.html

的结构特点，记录这一群体的生命成长历程，探寻他们在日常生活尤其是遇到困难时的感受，对于全社会维护乡村儿童切身利益，保障他们健康成长以及农民家庭的安居乐业与和谐社会建设具有重要意义。

一、乡村小规模学校特殊群体学生比例高

（一）乡村学龄儿童向城镇大量流动

随着城镇化进程等多种因素的影响，乡村大量的学龄儿童走出原来的学校，不断流向城镇，逐渐形成了如今教育发展中的“城满、乡弱、村空”的格局。这种趋势至今仍在继续，2019 年乡村小规模学校的转出率为 8.63%。辽宁某县校长认为，乡村小学存在学生流失现象，每年的流失比例在 1/3 左右。“2005 年的时候学生最多时有 273 人，每个年级有两个班，之后生源开始快速减少，2019 年学生仅有 21 人。”一部分学生去县和乡的民办学校，经济条件好一些的家长认为私立学校会有更好的教育，也有校车，家长可以有时间去工作；一部分被外出打工的父母带走。研究发现，乡村小规模学校现有学生中有较大数量的留守儿童、贫困儿童，也有一定比例的单亲儿童、离异儿童、残障儿童等特殊群体。他们并非不想到优质学校读书，并非不想跟着父母去大城市，而是基于家庭在经济、文化和社会资本上处于劣势的现实，无法像其他人那样实现向城性流动，只能被迫选择就近入学，来到离家较近的乡村学校就读。

（二）乡村小规模学校特殊群体学生比例高

乡村小规模学校特殊群体学生比例高，主要有留守儿童、贫困儿童、离异或单亲家庭儿童、残障儿童等群体。调研中发现，乡村小规模学校留守儿童比例为 55.6%，贫困生比例为 29.3%，父母离异的比例为 19.7%，智力、听力、视力等残障学生比例为 5.29%。这也印证了一些人常常反映的一个情况：每次去乡村学校都能见到更多“特殊”的孩子。需要强调一点，真实的特殊群体或许比上面这些数据更大，以留守儿童为例，很多地区在统计留守

儿童数据时将其范围设定得非常狭窄，例如“父母双方外出”或者“没有监护人”才是留守儿童。事实上，教育部和全国妇联对留守儿童都有大致相似的规定，教育部的“外出务工连续三个月以上的农民托留在户籍所在地家乡，由父、母单方或其他亲属监护接受义务教育的适龄儿童少年”基本上已成为留守儿童工作的共识。如果按照这个标准估计，调研地区的大多数乡村小规模学校的留守儿童比例都已经超过 70% 甚至更高。

（三）边缘性群体留在乡村主要由于经济条件限制

这些边缘性群体留在乡村的因素有很多，但主要原因是他们基于较弱的经济条件而丧失了选择的能力。当地家庭经济水平较高的家长会为孩子选择去更好的中心小学或者直接来到县城陪读，这样一来，等孩子进入初中阶段就更加容易直接进入县城重点初中和高中，优质教育的选择也往往以孩子高考取得优异成绩作为回报。相反，那些家庭经济条件差的孩子没有什么选择，大多只能留在乡村学校就读，师生数量较少、教育质量低、硬件设施差一般是这些学校的主要特征。当然，在这样的学校里就读，学生通过教育实现阶层流动的希望非常渺茫，改变贫困代际传递的可能性也微乎其微。例如，在村小、教学点的学生中有非常多的留守儿童、家庭贫困无法择校的学生、身体残障的学生，很多学生父母因兄弟姐妹众多、家庭贫困等原因自身并未接受过教育或只上过小学，父母能够完成初中学业的已属凤毛麟角，有很多学生的家长以种地为主要收入来源，经济收入很不稳定。

（四）乡村小规模学校对满足贫困家庭就近入学至关重要

基于经济条件的限制，乡村小规模学校成了贫困家庭的救命稻草。乡村小规模学校满足了乡村后 20% 没有能力进城上学的弱势家庭子女的教育需求，是普及义务教育、实行就近入学的现实需要。[①] 一些乡村贫困村和贫困户对村小和教学点需求强烈，当听说当局要撤掉这些学校时，他们甚至会积

① 杨东平．建设小而优、小而美的农村小规模学校［J］. 人民教育，2016（2）：36—38.

极地到当地政府请愿。事实上，与其说这是他们对乡村学校的眷恋，不如说表达的是一种无奈和叹息。其背后的根本原因，并不是这里的学校教学质量高，而是他们负担不起到远离家的学校上学的成本，“省钱”是学生“希望在本地就读”或“愿意回原来的学校”的最大动力。

二、乡村小规模学校边缘群体学生生存环境差①

过去的一段时期里，在各项政策的倾斜下，乡村学校在硬件设施和办学条件等方面取得了较大成就，满足了大多数学校在办学条件上的基本保障。然而，乡村学校学生的生活条件和所处环境仍不乐观，他们遇到的一些困难还没有得到实质性解决，“过不好”成为摆在乡村学校面前的严峻现实问题。

（一）学生在校正常用餐难以保障

我国自实施“营养餐”工程以来，乡村学生在学校用餐上获得了前所未有的实惠，然而乡村小规模学校具有复杂性和多样性的特征，造成了学生在用餐上的一些困难。主要体现在：厨房的基础设施难以配备，一些教学点可能只有几个学生，学生没有形成一定规模，如营养餐餐检留样有困难，因为没有冰箱橱柜；厨卫人员缺乏导致教师工作量增加，兼顾教学、购物和做饭等工作让很多老师苦不堪言，配备专职营养餐管理人员的诉求较高；一些地区管理制度过细过严，没有考虑地区特殊情况，如“买菜如没有发票将不予报销”等情况还普遍存在，难以因地制宜、因校制宜；当学前教育阶段的孩子和教学点孩子同校的时候出现尴尬场景，由于学前班孩子没有营养餐，他们往往在用餐时间围观教学点学生；连片特困地区实施了营养餐工程，学生基本都能享受政策红利，但其他一些乡村学校没有实施营养餐计划，难以解决午餐问题；一些特别贫困的地方政府没有能力配套用餐经费，导致学生用餐质量下降。

① 凡勇昆，常雪．“走不掉的一代”：关注乡村小规模学校中的边缘性群体［J］．教育发展研究，2017，37（22）：51—56.

（二）边远山区学校地形复杂，学生上下学途中存在安全隐患

调研显示，在“你家到学校乘交通工具大概需要多少分钟”这个问题上，在村子、乡镇、县城和城市的学生分别用时 15.24 分钟、11.44 分钟、7.84 分钟和 9.46 分钟，而“步行”则需要 61.66 分钟、37.68 分钟、31.81 分钟、39.05 分钟。无论是使用交通工具还是步行，乡村学生花费的时间都要高于县城和城市。访谈中发现，乡村小规模学校的学生大多数选择的方式是步行而非其他交通工具，再加上路况条件远远不如城市或县城，因此乡村学生安全问题成为学校和家长重点关注的问题。学生上学途中的安全问题成为家长最担心的问题，也是学校教师最牵挂的事情。某县一个村小的校长说，“最远的大约五六公里，开摩托车都要 20 分钟，来回很远的，特别是到冬天，来到学校还没有天亮。”尤其冬季白天时间变短，遇到雨雪天气，学生上学路途更加艰难。

（三）学生社会性发展总体良好，但生活习惯相对较差

与学习成绩相比，学生在与他人关系中表现出来的观念、情感、态度和行为等社会性发展状况更加吸引研究者的注意，这关乎他们能否以正常人的姿态融入这个社会。研究通过同伴关系、师生关系以及生活习惯等维度来反映学生的社会性发展水平。乡村小规模学校的学生在师生关系和同伴关系上都有着不错的表现，在“你在班级里有几个好朋友？”的问题上，村子、乡镇、县城和城市的学生回答“没有朋友”的答案分别有 2.8%、2.1%、2.1%、2.0%，没有明显的差异，拥有 1—4 个朋友的比例也基本在 20% 左右，拥有 5 个及以上朋友的比例均持续在 75% 左右。与此相比，学生的生活习惯较差几乎是所有老师反映的一个共性问题。

生活习惯与家庭环境有关，也与学校教育制度紧密相连。有很多学生在生活中经常表现为：孩子会在学校和家里两头说谎，在家骗父母，在学校骗老师；由于父母不在身边，孩子被祖辈溺爱，看电视、打游戏、吃零食等比较随意，什么事情都比较任性；不讲卫生，很多学生没有养成洗脸、洗手、

洗澡的习惯；好逸恶劳，不叠被子、不主动做力所能及的家务；课堂上缺乏规矩意识，起立、坐姿以及握笔方式形态各异；学生浪费现象严重，餐桌礼仪缺失等。当然，引起这些方面问题的原因有很多，但“家庭教育的缺失或误导”是提到的最为普遍的原因。某村小的班主任认为，“父母基本上都是外出打工，班里都是爷爷奶奶带孩子，爷爷奶奶都不管作业，学生不做或是做得很马虎是普遍现象，有些家长上下学不接自己的孩子，宁愿自己打牌。”

（四）特殊群体学生的处境不容乐观

从以留守儿童为主体的特殊群体身上，我们看到的更多的是他们所处的艰难处境，例如父母常年不在身边陪伴、家庭积弱贫困、承担较为繁重的家务、学校教育教学秩序混乱等。这样的环境引发学生身上出现很多问题也就不难理解，学习成绩差、社会化和认知水平低、情感发展缺乏引导、独立生活能力弱、身心健康难以保障等都具有一定的普遍性。作为被媒体称为“比雾霾更深重的中国难题”，接二连三的留守儿童事件不断挑战着人们的底线，一次次地刺痛着社会的神经。通过对近10年乡村留守儿童自杀、犯罪、非正常伤害与意外死亡等事件的分析，近五年出现206起，占86.2%，呈现不断增长的态势。某村小教师介绍，“班级里有智力、听力、视力等问题儿童较多，平均每班1—2个，多的班级有七八个。这样的孩子经常会自己偷偷溜走，一旦出现这种情况，学校就不得不停课发动全校老师寻找，无疑加大了老师工作量。”

乡村小规模学校学生普遍抵御风险的能力非常低，甚至一些儿童存在贫困、留守、单亲、残障等多重不利因素相互纠缠的结构性脆弱现象。上面描述的困难也远非全部，事实上至今我们还无法认清这些学生真实的生命状态，引发这种脆弱性的长期性和隐蔽性根源还难以捉摸，这需要后续继续深入到他们身边开展实地调查研究。

三、乡村小规模学校边缘群体很难获得应有的帮助

对于那些留守、贫困、单亲儿童等生活境遇相对较差的特殊群体，政府应该在人员、经费等资源上给予必要的政策倾斜，社会应该给予更多的帮助和关爱。在教育公平治理的语境下，这些孩子在日常生活中应该获得更多的帮助和关心。对身处各种风险旋涡的孩子实施精准教育扶贫，这是寻求城乡学校包容性发展的题中之意。罗尔斯的正义观除了机会平等原则之外，使社会中处境最不利成员获得最大利益的差异原则对于乡村小规模学校边缘群体具有重要价值。

（一）乡村小规模学校学生获得的帮助比较少

调研显示，乡村小规模学校学生获得的帮助比较少，即使在遇到困难的时候，他们也很难获得应有的帮助。以贫困生为例，乡村小规模学校贫困生比例为 28.77%，接受贫困资助的学生比例只有 8.59%，有相当一部分贫困学生无法获得资助，他们身上的苦难难以得到及时有效的回应。某县的村小和教学点学生家庭贫困，却无法享受贫困补助，因为资助的对象只限于寄宿生，不寄宿的贫困学生无法享受资助。即使是针对寄宿生的补助，也只有 20% 比例的学生有机会享受，资助覆盖面低的结果造就了更多学生“寡助”的窘迫境地。

（二）学生在学习上获得监护人帮助较少

学生在学习上获得监护人帮助的机会也有较大差异。在“你在家里学习遇到不懂的问题时，能得到大人的辅导吗？”这一问题上，村子、乡镇、县城和城市的孩子回答“从来不能”的比例依次是 17.2%、13.9%、11.2%、7.7%，回答“总是”的比例是 12.2%、17.5%、20.7%、26.4%，乡村孩子在家庭教育中的弱势处境相对明显。四川一位老师认为，“城乡教育有较大差距的主要原因是乡村学校大部分为留守儿童，其监护人不能辅导孩子功课。”“大部分是留守儿童，双亲出去打工，他们缺少照顾，有的吃不上饭，学校有时候

留下他们一起吃饭。”

（三）学生得到的帮助存在“错位”或“缺位”

一些学生即使获得了帮助，但是对于学生生活条件的改善也无济于事。学生的需求是千差万别的，类似于“我需要的是铅笔，你却递给我一块橡皮”的现象不胜枚举，单一化的资助方式也难以满足学生多样化的需求。要立足儿童的视角考虑，社会人士积极提供的关爱服务体系是否满足了他们的真正需要？这种关爱活动需要的是雪中送炭，而非锦上添花。[①] 一位照看孙子的爷爷说，“孩子放学后 3 点 40 左右就能到家，到家后想干吗就干吗，我们比较喜欢孩子。回家后做完作业就看电视，孩子压力大，想干什么就干什么吧，不会过多去管教。”关爱的“重复”“错位”或“缺位”让很多制度设计和关爱活动事与愿违。

四、寻求突破：家庭和政府责无旁贷

儿童是国家的未来和民族的希望，弱势儿童能否度过一个出彩的童年也是政府和学校治理能力强弱的试金石。我们应该采取行动，建设一个让弱势儿童产生更强抗逆力的乡村教育生态。联合国原秘书长潘基文曾强调，“世界必须特别关注最弱势群体和最受排斥群体的需求和权利。”目前乡村小规模学校还存在很多困难，未来也将长期存在，乡村小规模学校特别是教学点处在教育分层的底部和教育神经的末梢，服务的对象多是边远艰苦乡村地区的弱势群体。如果再不采取有效措施，乡村小规模学校的弱势儿童可能会永远无法走出困境，贫困代际传递也就成了现实。提升乡村学生的治理主体水平，学校已经有过很多尝试，取得了一些经验，而家庭和政府方面还亟待寻求突破。

---

① 凡勇昆 . 农村留守儿童关爱应有新思维：类型论 · 时空论 · 适应论［J］. 教育发展研究，2015，（20）：63—67.

（一）强化“父母”对乡村特殊儿童的监护责任

2021年10月23日，中华人民共和国主席习近平签署中华人民共和国主席令第九十八号，公布《中华人民共和国家庭教育促进法》，提出要“落实家庭监护主体责任”“父母要依法履行对未成年子女的监护职责和抚养义务”，这一变化标志着特殊群体学生的责任主体从“以政府为主”到“以家庭为主”的重要转向，这为给乡村特殊群体学生提供切实的亲情关爱和家庭温暖提供了有效保障。新农村建设不仅要关注农村地区的村容村貌，改变过去村落中脏、乱、差的衰败景象，而且要致力于提高农民的道德、文化等综合素质。让乡村家长能够认识到他们对于孩子成长的重要性，也是社会主体精神文明现代化的题中之义。

建立并强化“父母双方或至少一方”对乡村特殊群体学生履行监护职责和抚养义务的规定，并将其逐渐纳入立法程序，让“孩子在父母身边生活”成为常态。不主张或逐渐取消“暂不具备条件的应当委托有监护能力的亲属或其他成年人代为监护”的规定。毕竟，父母的在位本身对子女的成长意味着一种特殊的意义和象征，父母是孩子最合适的关爱人选，亲子间的接触对于孩子的身心发展是其他人难以替代的，有无父母陪伴对于孩子的成长可能是决定性的。《儿童权利宣言》明确提出“尚在幼年的儿童除非情况特殊，不应与其母亲分离”“儿童的父母首先负有责任”。尤其是留守儿童，在欧美等西方发达国家并不常见，原因是这些国家大多在法律上明确规定了“父母”照顾孩子的责任，如果父母对孩子疏于照顾，就可能面临随时被剥夺监护权的诉讼。

（二）完善各级政府关爱特殊群体学生的责任

作为社会中的最边缘化群体，乡村留守、贫困、单亲儿童等必须纳入政府的关爱保护工作计划，建立健全各级政府对特殊群体学生的责任和干预机制。

1. 明确奖惩指标

建议在后续的实施方案以及具体工作中应赏罚分明，建立明确的考核指标体系及其对应的奖惩措施，尤其对于那些导致恶性事件发生的直接相关人，有必要设置“零容忍”规则，依法依规给予重罚；对于能够切实改善乡村特殊群体学生生活境况的组织和个人，要给予切实可行的鼓励。

2. 明晰问责主体

从目前来看，乡村特殊群体学生关爱保护主体包括各级政府、民政部门、教育、公安、司法行政、卫生计生、共青团、妇联、家庭、社会工作专业服务机构、公益慈善类社会组织、志愿服务组织等。但是，责任主体过多反而容易陷入无人负责、互相推诿的境地。我们建议应把特殊群体学生关爱、义务教育均衡发展、精准扶贫等职能作为地方政府的主体责任，并作为政府主要负责人政绩清单之一加以问责。

3. 设立专项经费

调研发现，在乡村特殊群体学生关爱服务工作中，资金缺乏是非常普遍的问题。就义务教育阶段的乡村学校而言，他们很难从本就不够充裕的公用经费中拿出一部分资金留给乡村特殊群体学生。因此，一些学校仅有的经费大多来自妇联组织或捐助，数额低、机会少、连续性差，很多校长戏言获得一批这样的资助基本等同于中奖的概率。在重视“统筹各方资源”“多渠道筹措资金”“引导社会资金投入”的同时，应建立以政府划拨为主的乡村特殊群体学生专项经费，形成资金筹措的长效机制，把解决乡村特殊群体学生问题纳入政府的常规工作中来。

4. 加强乡镇寄宿制学校建设

在弱势群体集中的地方可以考虑在乡镇建立和完善寄宿制学校，在基础设施建设、寄宿生活条件、经费使用、生活教师、管理制度等方面给予支持，让处于无助中的适龄儿童逐渐摆脱家校距离远、父母不在身边、生活习惯差等问题，获得与城镇儿童基本相当的学习生活环境，对一些具有特殊困难的儿童要给予有针对性的实质帮助。对此一些家长、学校是支持的，因为家人无法在学习上支持孩子；寄宿可以培养孩子独立生活的能力；免除了上下学路途的安全隐患；省去陪读产生的各种生活和时间成本；寄宿生在学校有人看管，防止儿童陷入玩游戏、看电视、无人看管的境地；寄宿学校的生活条件往往优于乡村家庭等。

第二节　辽宁省农村寄宿制初中学生心理状况调查

针对城镇化进程的不断加快和乡村人口的大规模外流，乡村初中生源逐渐减少，乡村地区教育教学设施、人员浪费情况严重等问题，辽宁省自 2007 年开始根据原有教育资源、地理环境、适龄人口分布和数量、城镇化进程的速度、经济社会发展水平和广大农民群众的教育需求及其经济承受能力等因素，因地制宜地规划乡村初中学校的布局，适度撤并乡村薄弱初中，在县城集中办学。寄宿制学校基本实现了教育资源的充分利用和教学质量的提升，对学生和社会发展产生诸多积极影响。

与此同时，我们也需要注意到，初中阶段对于一个人的成长来说，无论是生理，还是心理发展，都是非常重要的时期。中学时期，学生心理总体上保持着较快的发展速度，但是，与迅速发展的身体变化相比，初中学生的心理发展要落后于生理发展，身心处于一个相对不平衡的状态，容易出现一些心理及行为问题。这一时期学生对家庭、父母的生理和心理依赖很强，离开家庭的寄宿生活，容易对学生心理健康产生消极影响。调查了解寄宿制学校初中生的心理状态，发现学校心理健康教育和疏导工作的薄弱环节，对于引导政府决策层关注学生心理健康问题，完善学校心理健康教育和疏导机制，促进学生心理健康发展具有重要现实意义。

一、调查范围与问卷检验

（一）样本信息

本次调查在我省 3 个农村县各选择 1 所寄宿制学校和 1 所非寄宿制初中共发放问卷 910 份，回收 902 份。其中空白问卷 24 份，予以删除；经过社会适应量表中的测谎题和心理健康诊断测验效度量表的检查，有 32 份不合格问卷，予以删除。最后，得到有效问卷 852 份，有效样本率为 92.9%。样本的人口统计学变量信息如下表 5–1：

表 5–1 调查样本的人口统计学变量信息表

		频次	百分比
性别	男	420	49.6
	女	426	50.4
	总计	846	100.0
年级	初一	296	35.0
	初二	329	38.9
	初三	221	26.1
	总计	846	100.0
寄宿 / 住宿	是	449	53.1
	否	397	46.9
	总计	846	100.0
独生子女	是	408	48.2
	否	438	51.8
	总计	846	100.0

（二）调查过程

本次调查通过电话访谈、实地访谈和小规模研讨会的形式，初步了解乡村初中生的心理状况和学校心理健康教育与疏导工作的基本情况。其后，确定了访谈提纲，明确了访谈对象，并组织了包括教育局负责人、校长、德育主任、班主任、心理健康教师、生活教师、学生和家长等不同层面的访谈会。

课题组选取《中学生心理健康诊断测验》（MHT）、《少年儿童社会适应量表》和调查对象基本情况组成调查问卷，由课题组排版并统一印刷，在3个农村县选取3所寄宿制初中和3所非寄宿制初中，每所学校选取初一、初二、初三各1个班级，由班主任在自习课上向学生发放问卷，说明调查目的以及相关的注意事项，学生填写完成后立即回收。

《中学生心理健康诊断测验》（MHT）适用于综合检测中学生的心理健康状况。MHT共有100个题项，包括8个内容量表和一个效度量表（即测谎量表），8个内容量表分别是：学习焦虑、人际焦虑、孤独倾向、自责倾向、过敏倾向、身体症状、恐怖倾向、冲动倾向。每个题后有"是"和"否"两个答案，8个内容量表得分累积起来，就是总得分。《少年儿童社会适应性量表》适用于检测少年儿童的社会适应状况，共48个题项，包括学习自主、环境满意、活动参与、生活独立、人际协调、人际友好、社会认同、社会活动8个维度，每个题后有"完全不符合""大部分不符合""不能确定""大部分符合""完全符合"五个可供选择的答案，所有题目得分累积起来，就是总得分。

（三）统计方法

采用描述性统计对人口统计学变量进行分析；采用t检验和单因素方差分析对寄宿和非寄宿乡村初中生社会适应性和心理健康状况进行差异检验；采用信度分析和结构方程模型对测量工具进行问卷的信度和效度检验。所有统计分析运用SPSS17.0和Lisrel8.70完成。

二、辽宁省农村寄宿制学校学生心理总体状况

（一）寄宿制学校初中生心理健康总体水平较好

调查发现，寄宿制学校初中生整体心理健康得分低于65的有96.6%，也

就是说，进城学校 96.6% 的初中生心理处于健康水平，进城学校学生的整体心理健康水平较好。详见图 5-1。

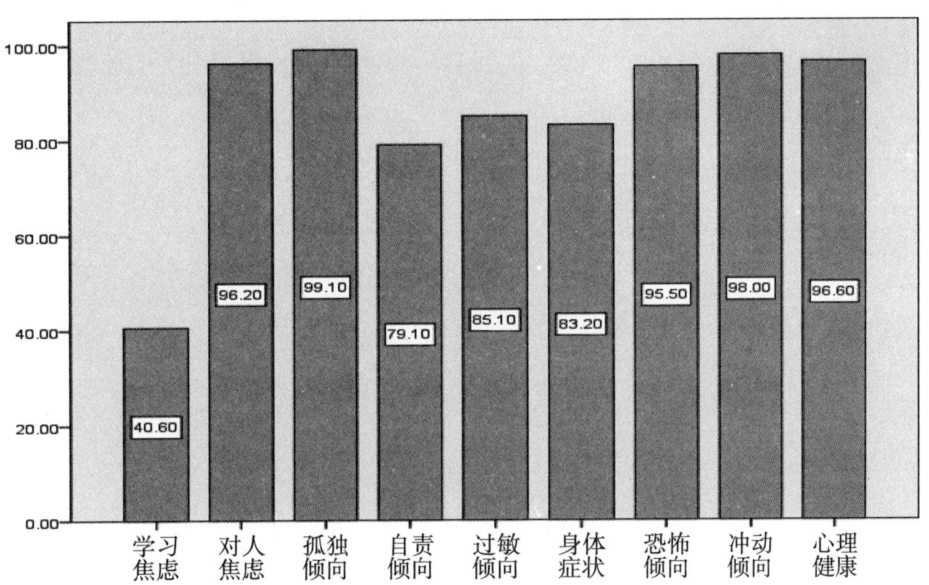

图 5-1　辽宁省农村寄宿制学校初中生心理健康总体情况

（二）寄宿制学校初中生社会适应性高于平均水平

总体来看，寄宿制学校初中生在各社会适应性维度上得分均高于平均水平得分，适应性较好。寄宿制学校初中生在学习自主、环境满意、活动参与、生活独立、人际协调、人际友好、社会认同和社会活力维度得分分别为 22.63、20.20、21.07、21.15、19.22、24.53、17.79、16.57，明显高于各维度的平均数 18、15、15、15、15、18、12、12。（详见表 5-2）这说明，寄宿初中生能够自己寻求学习方法，完成作业的独立性和自主性较高，对社会、学校、班级、教师的满意度较高，具有较高的参与集体活动和为集体作贡献的意识，自我照管能力较好，交友和受信任程度较高，能够协调同学和朋友之间的矛盾争论、保持同学友谊，性格相对开朗、活泼、乐观，能够理解或认同他人的不同观点、习惯、处事方法。

表 5-2　辽宁省寄宿初中生社会适应性总体情况（n=449）

	学习自主	环境满意	活动参与	生活独立	人际协调	人际友好	社会认同	社会活动
平均数	22.63	20.20	21.07	21.15	19.22	24.53	17.79	16.57
标准差	4.907	4.105	3.416	3.623	3.595	3.873	2.313	2.972
平均水平	18	15	15	15	15	18	12	12

（三）寄宿初中生社会适应各方面均好于非寄宿初中学生

在社会适应性的所有维度上，寄宿初中生得分显著大于非寄宿初中生。这说明，寄宿初中生在社会适应的学习自主、环境满意、活动参与、生活独立、人际协调、人际友好、社会认同和社会活力方面均好于一般非寄宿初中生。详见表 5-3。

表 5-3　寄宿与非寄宿初中生社会适应性差异

	学校类别	样本量	平均数	标准差	T 值
学习自主	非寄宿初中生	397	21.38	5.212	−3.582*
	寄宿初中生	449	22.63	4.907	
环境满意	非寄宿初中生	397	19.28	4.116	−3.288*
	寄宿初中生	449	20.20	4.105	
活动参与	非寄宿初中生	397	19.50	4.135	−6.013*
	寄宿初中生	449	21.07	3.416	
生活独立	非寄宿初中生	397	20.25	4.080	−3.432*
	寄宿初中生	449	21.15	3.623	
人际协调	非寄宿初中生	397	18.39	3.818	−3.273*
	寄宿初中生	449	19.22	3.595	
人际友好	非寄宿初中生	397	23.44	4.904	−3.576*
	寄宿初中生	449	24.53	3．873	
社会认同	非寄宿初中生	397	16.35	3.160	−7.545*
	寄宿初中生	449	17.79	2.313	
社会活动	非寄宿初中生	397	15.66	3.538	−4.043*
	寄宿初中生	449	16.57	2.972	

* 表示在 0.05 显著性水平上差异显著

通过学生心理问卷数据分析和实地访谈调查内容，可以得出如下结论，大部分寄宿制学校初中生总体心理健康水平较好，社会适应性也高于平均水平，寄宿初中生的社会适应性要好于非寄宿初中生。由此，可以说寄宿制学校学生心理状态的正面影响较多，学校通过对学生学习、生活、闲暇的全面管理，有效提升了学生在人际交往、学习、家庭生活、集体活动以及与社会环境的交互作用的适应性，在一定范围内具有推广价值。

三、农村寄宿制学校学生心理问题值得关注

农村寄宿制学校学生总体心理健康水平和社会适应性较好，但是也存在如下几个方面的问题需要引起重视。

（一）寄宿初中生学习焦虑水平普遍较高

辽宁省寄宿制学校初中生心理健康总体情况（详见图 5–1）显示，寄宿初中生学习焦虑分量表上只有 40.6% 的学生处于正常水平，也就是说 59.4% 的寄宿初中生学习焦虑水平超出正常范围，学习焦虑成为影响学生心理健康水平的主要因素。进一步通过对寄宿初中生与非寄宿初中生心理健康状况的比较发现，二者的心理健康状况差异显著，寄宿初中生焦虑水平明显高于非寄宿初中学生（详见表 5–4）。由此可见，乡村寄宿制学校学生的学习焦虑水平过高，成为学生心理健康水平的主要因素，需要引起学校和家长的高度重视。

表 5–4　寄宿与非寄宿初中生心理健康状况差异

	学校类别	样本量	平均数	标准差	T 值
学习焦虑	非寄宿初中生	397	8.47	3.701	–2.320*
	寄宿初中生	449	9.00	2.976	

* 表示在 0.05 显著性水平上差异显著

结合实地访谈调研发现，与非寄宿初中相比，寄宿制初中的“应试倾向”更为严重，家长对学生的期望值也普遍较高，学校用分数来评价老师的水平和能力，教师用分数来评价学生的现象普遍存在。学生在校期间，每天

需要上 1 个早自习、8 节教学课和 2 个晚自习，花费在学习上的时间比非寄宿初中学生多。学校课外活动的时间安排少、活动形式比较单一，学生缺少调节学习疲劳、缓解学习压力的环境。同时，寄宿制初中普遍采取每两周放假一次的作息安排，连续的在校学习也容易引发学习疲劳和学习焦虑。如何缓解学生学习焦虑，提升学生心理健康总体水平，应成为学校和家长需要高度重视的问题。

（二）不同年级的心理差异情况值得关注

初三学生的心理健康状况需要重视。调查显示，初三学生在孤独倾向、身体症状和冲动倾向方面的症状要大于初一学生（详见 5-5），也就是说，与初一学生相比，初三学生更具有孤独和忧郁倾向，表现为不善于与人交往、自我封闭，容易冲动，自制力较差，在极度焦虑时会出现一些明显的身体症状。这既与初三学生的生理发育有关系，也与初三学生面临中考升学压力有直接关系。因此，寄宿制学校要高度重视初三学生的心理健康状况，及时了解学生的心理变化，缓解压力源。

表 5-5　辽宁省农村寄宿初中生心理健康情况的年级差异

心理健康维度	初一		初二		初三		F	事后检验
	M	SD	M	SD	M	SD		
学习焦虑	9.25	2.853	8.92	3.105	8.77	2.996	1.068	
对人焦虑	4.47	2.167	4.71	2.272	4.39	2.265	0.801	
孤独倾向	1.89	1.783	2.30	2.032	2.37	2.329	2.645+	初三>初一
自责倾向	6.80	2.111	6.55	2.181	6.31	2.387	1.820	
过敏倾向	6.03	2.325	6.40	1.986	6.36	2.073	1.417	
身体症状	5.61	2.727	6.09	2.656	6.28	2.598	2.589+	初三>初一
恐怖倾向	3.29	2.766	3.81	2.727	3.77	2.797	1.781	
冲动倾向	2.92	2.269	3.43	2.544	3.62	2.525	3.508	初三>初一
总分	40.22	13.550	42.09	13.401	41.87	12.62	0.958+	

+ 表示在 0.10 显著性水平上边缘显著

初一学生的社会适应性需要重视。调查显示，在社会适应的8个维度中，有7个维度初一学生的得分要低于初二和初三学生（详见表5-6），这说明初一学生的社会适应性总体低于初二和初三学生。具体来说，初一学生在学习自主、环境满意、活动参与、生活独立、人际协调、社会认同和社会活动等方面的适应性都相对较低，这与初一学生离开父母在陌生环境开始寄宿生活有直接关系，这就需要学校高度重视初一学生的社会适应情况，家校联合帮助学生认同和融入新环境。

表5-6 辽宁省农村寄宿制学校初中生社会适应性的年级差异

社会适应维度	初一 M	初一 SD	初二 M	初二 SD	初三 M	初三 SD	F	事后检验
学习自主	21.59	4.495	23.36	5.430	23.22	4.619	6.623*	初二，初三>初一
环境满意	19.36	4.137	20.66	4.610	20.84	3.198	6.347*	初二，初三>初一
活动参与	20.34	3.287	21.50	3.753	21.59	3.025	6.868*	初二，初三>初一
生活独立	20.21	3.693	21.66	3.904	21.88	2.875	10.298*	初二，初三>初一
人际协调	18.36	3.397	19.67	3.896	19.92	3.283	9.013*	初二，初三>初一
人际友好	24.17	3.741	24.61	3.818	24.93	4.091	1.488	无显著差异
社会认同	17.49	2.333	18.21	2.316	17.74	2.230	3.902*	初二>初一
社会活动	16.17	3.281	16.74	2.719	16.91	2.744	2.733*	初三>初一

* 表示在0.05显著性水平上差异显著

四、农村寄宿制学校学生心理状况的影响因素分析

中学生心理状况受多方面因素的影响，心理异常形成与发展的危险因素涉及成长过程的各个方面和各种环境。对于寄宿初中生这一特定群体来说，

学校、家庭和个体因素是影响学生心理健康和社会适应性的主要因素。

（一）学校环境是影响学生心理状况的首要因素

学校是学生成长的舞台，尤其是以寄宿制为主的农村初中，学生绝大部分时间在校园的特定环境中学习和生活，学校软环境对学生心理状况的影响尤为重要。学生心理问卷数据显示，3 所寄宿学校学生的社会适应性存在差异。在社会适应的学习自主、环境满意、活动参与、生活独立、人际协调和社会认同维度上，均存在校间差距详见表 5–7。

表 5–7　辽宁省农村寄宿制学校校际社会适应性的差异

社会适应维度	铁岭县××中学 M	SD	喀左县××中学 M	SD	喀左县××中学 M	SD	F	事后检验
学习自主	22.38	4.381	22.01	5.208	23.65	4.756	4.873*	喀左县××中学>铁岭县××中学，法库县××中学
环境满意	20.55	3.182	18.87	4.531	21.70	3.582	21.757*	喀左县××中学>法库县××中学>铁岭县××中学
活动参与	20.97	3.124	20.33	3.573	22.13	3.165	12.011*	喀左县××中学>铁岭县××中学，法库县××中学
生活独立	21.23	3.354	20.03	3.995	22.58	2.700	22.195*	喀左县××中学>法库县××中学>铁岭县××中学
人际协调	19.21	3.458	18.61	3.848	20.06	3.188	6.762*	喀左县××中学>法库县××中学
人际友好	24.78	3.713	24.15	4.193	24.83	3.521	1.574	

续表

社会适应维度	铁岭县 ×× 中学 M	SD	喀左县 ×× 中学 M	SD	喀左县 ×× 中学 M	SD	F	事后检验
社会认同	17.35	2.377	17.68	2.355	18.30	2.120	5.925*	喀左县 ×× 中学 > 铁岭县 ×× 中学，法库县 ×× 中学
社会活动	16.82	2.755	16.33	2.322	16.68	2.621	1.117	

* 表示在 0.05 显著性水平上差异显著

学生心理问卷数据与实地访谈调研结论比较吻合。实地调研过程中发现，喀左县 ×× 中学对学生心理健康教育比较重视，建立了相对完整的心理健康教育和疏导工作的组织架构和管理制度，学生心理调查问卷结果显示，这所学校学生的社会适应性和心理健康水平也相对较高。这说明，学校通过办学方向、管理模式和学校心理软环境建设具有提升学生心理健康水平的可能性。同时，随着进城办学时间的推移和学校管理水平的进一步提升，学生的社会适应性和心理健康水平有进一步上升的空间。

多年来，学校教育对升学率与考试成绩孜孜以求，忽略了对青少年全面发展成长的引导。另外，大部分学校文化生活单调，课余生活缺乏有效的管理和引导，学校给了青少年单调、乏味的压力与束缚，激起了他们的逆反心理，精神的压力通过不良行为来释放，从而产生心理失衡和行为偏差。一定的心理压力对学生的学习有积极的促进作用，但过大的心理压力就使人注意力减弱、睡眠质量下降、烦躁易怒等，甚至产生强迫性重复动作，有时还会产生一些具有破坏性的攻击性行为。所以学校管理者及教师应该帮助学生正确对待学习，缓解各种压力，提高心理健康水平。

（二）家庭环境是影响学生心理健康和社会适应性的重要因素

家庭是少年儿童接触社会的第一场所，是他们认识社会准则和建立行为规范的第一课堂，因此，家庭是影响青少年心理外界因素中最基础、最重要的部分。通过对不同家庭情况学生心理健康状况的比较发现：双亲家庭学生的心理健康水平要高于单亲家庭学生的心理健康水平，尤其是在对人焦虑、自责倾向、过敏倾向三个方面。双亲和睦安宁家庭的学生心理健康水平高于双亲经常吵架家庭的学生，尤其是在对人焦虑、孤独倾向、身体症状三个方面。详见表 5-8。

表 5-8　辽宁省农村寄宿初中生社会适应性的家庭氛围差异

社会适应维度	和睦安宁（n=318）M	SD	偶尔吵架（n=121）M	SD	经常吵架（n=10）M	SD	F	事后检验
学习自主	23.43	4.658	20.74	4.654	20.70	8.056	14.883*	和睦安宁＞偶尔吵架
环境满意	20.66	4.085	19.16	3.780	18.50	6.060	6.935*	和睦安宁＞偶尔吵架
活动参与	21.49	3.401	20.10	3.223	20.20	3.327	7.983*	和睦安宁＞偶尔吵架
生活独立	21.52	3.559	20.22	3.647	21.20	3.706	5.763*	和睦安宁＞偶尔吵架
人际协调	19.67	3.487	18.24	3.507	17.60	5.125	8.372*	和睦安宁＞偶尔吵架
人际友好	25.10	3.645	23.11	4.096	23.60	4.006	12.599*	和睦安宁＞偶尔吵架
社会认同	17.93	2.297	17.52	2.279	17.30	2.751	1.591	
社会活动	16.79	2.815	16.05	3.267	16.00	3.559	2.928	

* 表示在 0.05 显著性水平上差异显著

双亲管束适中的家庭学生心理健康水平高于双亲管束过多家庭学生的心理健康水平，尤其是在身体症状、冲动倾向方面。详见表 5-9。

表 5-9　辽宁省农村寄宿初中生社会适应性的父母管束水平差异

社会适应维度	管束太多(n=45) M	SD	管束适中(n=390) M	SD	管束太少(n=14) M	SD	F	事后检验
学习自主	22.04	5.018	22.79	4.817	19.86	6.335	2.788	
环境满意	19.40	4.202	20.42	4.039	16.71	4.008	6.627*	管束太多，管束适中>管束很少
活动参与	21.47	2.651	21.10	3.429	18.93	4.582	3.097*	管束太多，管束适中>管束很少
生活独立	20.51	3.697	21.37	3.431	17.21	5.873	10.046*	管束太多，管束适中>管束很少
人际协调	19.22	3.630	19.29	3.598	17.43	3.131	1.818	
人际友好	24.84	4.210	24.54	3.803	23.29	4.697	0.871	
社会认同	18.02	2.426	17.75	2.320	18.36	1.692	0.716	
社会活动	17.42	3.078	16.52	2.918	15.00	3.508	3.902*	管束太多>管束很少

* 表示在 0.05 显著性水平上差异显著

通过对不同家庭情况学生社会适应性的比较发现：双亲管束较多和管束适中家庭学生的社会适应性要高于管束很少家庭的学生，尤其是在环境满意、活动参与、生活独立和社会活动方面。双亲和睦安宁家庭学生的社会适应性要高于偶尔吵架家庭的学生。可以认为，家庭结构、家庭氛围和父母管束水平是影响农村初中生心理健康的重要因素，双亲家庭、父母管束适中、家庭氛围和谐的学生，心理健康水平和社会适应性普遍较好。

初中生已经具备一定程度的独立思考、独立生活能力，而许多父母往往不理解青少年心理状态，不善于或不愿意使青少年获得和自己平等的新地位。青少年在和父母以及成人关系中的独立和平等问题，成为他们在交往中和对青少年教育实践中最尖锐、最复杂、最棘手的问题。如果父母不能及时调整对青少年子女的态度，就会使亲子关系不断产生矛盾冲突。本次调查结果显示，与父母关系和谐、能与父母平等沟通的中学生心理健康水平较高，可见，中学生与父母的关系对其心理健康有着重要的影响。因此，通过多种方式让父母了解中学生的心理特征，了解他们的心理需求，教授亲子沟通的技巧等，使父母逐步学会以民主、平等的态度对待子女，消除亲子间产生的隔阂和冷漠，建立健康和谐的亲子关系，对促进中学生心理健康发展具有深远的意义。①

（三）初中生个体差异对心理状况的影响需要引起重视

通过不同群体中学生心理症状测量结果的比较显示，不同性别中学生心理问题各具特点。本研究表明，女生的心理健康状况要比男生好，但是在自责倾向、身体症状、恐怖倾向上女生显著大于男生（详见表 5–10）。社会适应性上女生也要好于男生，在学习自主、环境满意、生活独立和社会认同维度上女生显著大于男生（详见表 5–11）。

表 5–10　辽宁省农村寄宿初中生心理健康情况的性别差异

	性别	样本量	平均数	标准差	T 值
学习焦虑	男	220	8.84	3.045	−1.175
	女	229	9.17	2.907	
对人焦虑	男	220	4.55	2.274	0.269
	女	229	4.50	2.188	
孤独倾向	男	220	2.25	2.145	0.980
	女	229	2.07	1.931	

① 景英 . 中学生社会适应与心理健康状况及其影响因素分析［D］. 济南：山东大学，2007：31.

续表

	性别	样本量	平均数	标准差	T 值
自责倾向	男	220	6.35	2.255	−2.174*
	女	229	6.80	2.167	
过敏倾向	男	220	6.23	2.330	−0.127
	女	229	6.26	1.971	
身体症状	男	220	5.60	2.813	−2.760*
	女	229	6.30	2.499	
恐怖倾向	男	220	2.95	2.590	−4.983*
	女	229	4.21	2.795	
冲动倾向	男	220	3.18	2.488	−0.877
	女	229	3.38	1.208	
心理健康状况总分	男	220	39.872	13.929	−2.229*
	女	229	42.661	12.414	

* 表示在 0.05 显著性水平上差异显著

表 5-11　辽宁省农村寄宿初中生社会适应性的性别差异

	性别	样本量	平均数	标准差	T 值
学习自主	男	220	22.10	4.953	−2.242*
	女	229	23.13	4.820	
环境满意	男	220	19.70	4.396	−2.551*
	女	229	20.69	3.751	
活动参与	男	220	20.77	3.475	−1.834
	女	229	21.36	3.341	
生活独立	男	220	20.78	3.760	−2.127*
	女	229	21.51	3.459	
人际协调	男	220	18.98	3.556	−1.432
	女	229	19.46	3.624	

续表

	性别	样本量	平均数	标准差	T 值
人际友好	男	220	24.44	4.009	–0.490
	女	229	24.62	3.744	
社会认同	男	220	17.52	2.560	–2.427*
	女	229	18.05	2.021	
社会活动	男	220	16.36	2.883	–1.446
	女	229	16.76	3.047	

* 表示在 0.05 显著性水平上差异显著

在青春期，青少年的生活重心逐渐从家庭、父母转移到伙伴，生活中增加了新的关系，这是成长中极重要的转变。青少年处于新的自我意识高涨期，独立意识与依赖心理并存的矛盾极为突出；课业负担日益加重，课程难度日益增加，学生中普遍存在学习适应问题；升学的竞争使学生的心理压力增大，易出现紧张、头痛、失眠、饮食障碍等症状。此外，青春期的中学生由于面临升学、选择职业、恋爱等压力也是导致心理问题发生的重要因素。这就要求开展心理健康教育和疏导工作要重视个体差异，关注男女生发育和社会化过程的不同，有针对性地开展活动。

五、提升农村寄宿制学校学生心理健康水平的建议

寄宿制学校给农村学生提供了一个良好的学习氛围和自主生活实践的空间，获得良好的社会支持有利于维护心理健康。各地各校要高度重视寄宿制学校初中生心理健康问题，建立心理危机干预机制，多措并举为学生提供社会支持环境。

（一）切实加强对心理健康教育工作的组织领导

农村寄宿制学校所在市、县（市、区）的教育行政部门要高度重视中小学心理健康教育和疏导工作，严格按照《中小学心理健康教育指导纲要》

（2012 年修订）和《辽宁省教育厅关于进一步加强中小学心理健康教育工作的指导意见》（试行）文件的要求，尽快建立心理健康教育工作的组织架构、管理制度和联动机制。加快制定和完善市、县（市、区）心理健康教育工作的具体规章制度，明确责任部门和责任人，提供经费支持，依托教师进修学校指导寄宿制初中切实开展心理健康教育工作。督导各学校建立工作体系和管理制度，落实心理健康教育工作的具体责任人，明确职责，并定期开展工作考核。成立学校心理危机处置领导小组，制定应对学生突发心理危机事件的处置预案，并定期演练。校内发生学生心理危机事件，应及时向教育主管部门报告，必要时请求校外心理专家的支持。

（二）加大心理健康教育教师队伍建设力度

合理配置心理健康教育专兼职教师，完善专兼职心理健康教师的评聘制度。针对寄宿制学校在校生规模大和寄宿制的特点，各学校加快配齐心理健康专职教师。建立以主管校长、德育主任、思想政治教师、班主任、生活指导教师和团队干部为主的兼职心理教师队伍，加大心理健康教育和疏导工作的覆盖面。分期分批开展学校心理健康教育专兼职教师培训，加强培训内容和培训形式的针对性，切实提高专职心理健康教师的专业能力和操作水平，提升兼职心理健康教师的心理健康教育意识、心理健康知识和心理危机干预工作技能。

（三）以缓解学习焦虑为核心加强学校心理软环境建设

学校教育应是培养学生健康心理、个性特点的重要环节，学校心理软环境建设对于提升学生心理健康水平至关重要。在寄宿制学校，学习焦虑是影响学生心理健康的主要因素，学校需要围绕具有普遍性的学习焦虑，多种形式加强学校心理软环境建设，切实调节学习疲劳、缓解学习压力。充分发挥心理健康教育课的作用，以活动教学为主，采取团体辅导、心理训练、问题辨析、情境创设、角色扮演、游戏、心理情景剧等多种形式，有效提升心理健康教育水平。在校园设立专门的心理咨询室，开通“×× 老师信箱”“心灵热线”等联系方式，让学生有更多途径来排解心理困惑。加强心理训练，为培养学生的意志力、情绪调节能力、耐挫力等，学校可开展系列心理训练活动，如为消除学生考试紧张心理，可以开展焦虑心理自测指导课、克服焦虑心理方法训练、“考试为了什么”的主题班会等，还可以利用校园广播、电视、黑板报、校园网等宣传工具，针对中学生的心理特点及知识要求，让学生从多角度、多场合接受心理健康教育。此外，学校还可以充分利用其师资、场地和设施的优势，开展名目繁多、内容丰富的课外活动和社团活动，丰富学生在校生活，缓解学生不良情绪和心理压力。

（四）高度重视班主任和生活指导教师心理疏导的及时性和有效性

在寄宿制学校里，班主任和生活指导教师是跟学生接触最多、最了解学生的群体，要特别重视班主任和生活指导教师对学生心理疏导的及时性和有效性。调查发现，班主任不但承担着固有的教育职责，还要代替家长承担附加监护和看管未成年人的职责，班主任与学生在频繁交往中建立了信任关系和情感依赖，班主任是学生除同伴外的主要倾诉对象，也是发现学生心理问题及时进行心理危机干预的主要群体。要把寄宿制初中班主任作为最重要的兼职心理健康教师群体，加大对班主任心理健康教育和疏导的培训力度，提升其对学生心理危机的观测和干预能力。生活教师负责学生的日常起居、生活安全及思想训导，又要监督和处理学生的越轨行为及突发事件，发挥着重要的家长替代功能，对学生的身心发展起着不可忽视的影响。调查发现生活指导教师的任职条件、专业素质和管理水平参差不齐，要高度重视寄宿制学校生活指导教师的作用，明确生活指导教师的配备比例、任职条件和专业标准，把生活指导教师纳入心理健康教育培训计划，切实提升生活指导教师的心理健康教育意识、心理健康知识储备和心理危机干预等技能。

（五）以学校为主导加强家校共育

最完善的教育是家庭教育和学校教育的结合。调查表明，学生寄宿到学校以后，父母通常只关心孩子在学校的安全、吃住等问题，很少去关心孩子的心理和情感问题，这不利于初中生身心健康的发展。农村寄宿制学校要充分重视家长在教育中的地位，加强对家长的教育和引导，形成学校和家庭教育的共同体。学校应该主动地将自己的教育理念，教学设施和即将开展的教育教学活动介绍给家长，并耐心解答他们的各种疑问。[①]班主任应加强与学生家长和其他监护人的联系，并通过家访、电话交流或书信等及时将学校的教育教学信息和学生在学习、生活、思想、行为等方面出现的情感问题通知给家长，共同商量解决办法，及时将家长的意见和建议吸纳过来，使学校教育和家庭教育互相促进，形成合力。同时，加强对监护人的培训，办好家长学校，使家长们分享成功的教育经验，解决自己在家庭教育中的困惑，实现家庭间的互动与互助。

第三节　辽宁省弱势群体受教育状况与提升策略

联合国教科文组织 2015 年发布的《教育 2030 年行动框架》提出了“迈向包容、公平、优质的教育，促进全民享有终身学习机会”的目标。近年来，辽宁省贯彻落实党的十八大、十九大和历次全会精神，按照“四个全面”战略布局和党中央、国务院决策部署，坚持以新发展理念为引领，适应全面建成小康社会需要，加快缩小区域、城乡、校际差距，教育现代化取得重要进展，为全面建成小康社会奠定了坚实基础。

一、面向 2035 年基础教育公共服务面临的形势与需求

面向 2035 年，顺应国际教育发展目标和趋势，立足我省经济社会发展基础和基础教育发展的阶段特征，消除各种形式的教育歧视、排斥、边缘化和不平等，建成全纳、包容的教育体系，确保每个人都能接受完整教育将成

① 张文君 . 农村寄宿制初中留守儿童教育问题与校本策略研究——以淮安市为例［D］. 扬州：扬州大学，2011：35.

为提升城乡基础教育服务水平和质量的重点。

（一）国际社会普遍将弱势群体教育作为实现“全纳、公平”教育发展主题的重点领域

消除不平等和提升教育质量已经成为世界各国教育发展的主题，而弱势学生群体是实现这两大愿景过程中备受关注的对象。为此，各国政府根据自身文化传统和社会形态制定针对弱势学生群体进行教育补偿支持的法案和规划。美国的《不让一个孩子掉队法》、加拿大的《原住民教育行动计划》、澳大利亚的《原住民与托雷斯海峡岛民教育行动计划》、法国的《重建共和国基础教育规划法》等法令和计划都积极缩小不同类型学生群体的学业成就差距，让更多的学生享受平等的受教育机会。面对未来世界发展多极化、经济全球化、文化多样化、社会信息化等巨大变革，各个国家和地区以及国际组织都希望，通过更加公平、更加优质的教育，为不同地区、不同阶层、不同群体提供平等学习发展的机会，促进社会可持续发展和公平正义。

（二）城镇化和人口流动迫切要求基础教育拓展公共服务面向和内涵

城镇化是现代化的必由之路，是我国最大的内需潜力和发展动能所在。城镇化以“人的城镇化”为核心，通过合理引导人口流动，有序推进农业转移人口市民化，增加适应居民需求的公共产品和公共服务供给。党的十八大以来，党中央就深入推进新型城镇化建设做出了一系列重大决策部署，相继出台了《国家新型城镇化规划（2014—2020年）》《国务院关于进一步推进户籍制度改革的意见》，将随迁子女义务教育纳入各级政府教育发展规划和财政保障范畴。教育部出台了《关于进一步做好小升初免试就近入学工作的实施意见》和《关于进一步做好重点大城市义务教育免试就近入学工作的通知》，要求各地落实义务教育免试就近入学要求，依法合理确定随迁子女入学条件，积极接收随迁子女就学。随着城镇化的发展，推进农业转移人口市民化是今后一段时间我国城镇化发展的重心，妥善解决随迁子女异地就学和乡村留守儿童入学问题成为实现教育公平和社会公平的重要内容。教育资源

配置模式的改革是新常态中深化教育改革的重要内容，城镇化进程的加快、流动人口总数的增长、人口的多维度流动都增加了区域内教育需求的不确定性，也对乡村学校布局和既往的教育资源配置方式提出了严峻挑战，客观上要求政府及时掌控城镇化布局和人口流动的变化趋势，结合城乡教育发展的实际需求，战略性调整区域教育规模、结构和布局以应对教育系统内外部环境的深刻变化。[①]

（三）保障和改善民生和实现包容性发展迫切要求教育体系实现全覆盖、无差异

教育公共服务是基本公共服务体系的重要内容，是由政府主导、社会参与、公平惠及社会公众生存与发展和满足社会公共利益需求的公益性服务，它是伴随着现代学校和公共教育制度的发展及现代政府主要职能逐步转向公共服务而出现的，是保障和改善民生的基础，是社会和谐稳定的重要保证。[②]加快建立健全基本公共教育服务体系是政府履行责任的重要体现，也是政府由管理型政府转变成公共服务型政府的客观要求，对于进一步完善公共服务体系具有十分重要的作用。

基础教育是整个基本公共教育服务体系中的关键部分，处于造就人才和提高国民素质、为人的终身发展奠基阶段，具有基础性、先导性和普惠性的特征，其核心价值是公平惠及每个人，让处于不同地区和不同家庭背景的每个人都能够平等享有这种教育服务。目前，由于历史和现实的种种原因，城乡之间、区域之间和校际之间基本公共教育服务水平仍然存在差距，优质的基础教育资源还没有覆盖全体适龄儿童少年。在加快建立健全公共服务体系的背景下，基础教育要在全面普及的基础上，进一步实现基础教育公共资源配置的均等化，着力缩小城乡、区域和校际差距，为每个学生提供“全覆

① 徐文娜．基础教育资源优化配置研究需要适应内外部环境的深刻变化［J］．辽宁教育科研，2016-10-7．

② 李潮海，罗英智．基于公共服务理念的县区教育发展水平评价的思考［J］．现代教育管理，2015（7）：20—25．

盖”“无差异”“有质量”的教育公共服务。[①]

2035年的中国是一个所有人都在经济、社会、政治与法律事务中拥有平等权益的社会。目前，我国较大的收入和财富差距导致优质公共服务获取程度方面的不平等，教育公平问题反过来又导致阶层固化、贫富差距代际传递。教育在根除贫困中发挥着重要作用，教育有助于促进对残障人士的包容，确保所有人享有平等的受教育机会，有助于扭转经济和社会地位的不平等，促进社会横向流动，整体提升人力资本质量，平等分享国家发展成果。

（四）乡村振兴要求面向弱势群体提供精准化教育服务

精准扶贫、精准脱贫是实现共同富裕的重要思想，精准扶贫是直接关系到我国是否走社会主义道路的根本性问题。农村贫困人口如期脱贫、贫困县全部摘帽、解决区域性整体贫困，是全面建成小康社会的底线任务。扶贫必扶智，让贫困地区的孩子们接受良好教育，是扶贫开发的重要任务，也是阻断贫困代际传递的重要途径。[②]教育是一项最基本的人权，而且是可获得的权利。目前，一些弱势群体因为户籍身份、经济条件、地理位置、家庭文化、居住方式等原因遭受各种形式的教育排斥，不能充分享受基础教育公共服务，弱势群体教育的普及水平和服务质量都比较低。同时，各个群体对教育的需求日趋多样化，尤其是在特殊教育领域，不同人群对教育的需求呈现高度的分化和差异性特点，迫切需要提供精准的、适切的教育服务，实现教育公共服务的真正全覆盖。

面向2035年，现有的教育体系的完善重在精准化和个性化，加大对乡村地区、民族地区、贫困地区教育支持力度，努力让每个人都有人生出彩的机会。这就要求政府采取超常规政策举措，精准聚焦贫困地区的每一所学

① 徐文娜．基础教育资源优化配置研究需要适应内外部环境的深刻变化［J］．辽宁教育科研，2016-10-7.

② 习近平：让贫困地区的孩子们接受良好教育，是扶贫开发的重要任务［EB/OL］央广网（2015-9-10）.http：//www.cnr.cn/zgzb/2015jpyfzgclt/zy/20151016/t20151016_520167525.shtml

校、每一名教师、每一个孩子，全面实施教育扶贫全覆盖行动。为此，政府必须确保人们能普遍、平等地获得全纳、公平、有质量的教育与终身学习的路径，为不同群体提供精准、个性化服务供给，不让一个人掉队。①

二、辽宁省弱势群体接受基础教育服务的现实基础

在党中央民生导向的执政理念下，省委、省政府把基础教育放在民生之首，始终高度关注流动儿童、留守儿童、特殊儿童、贫困儿童问题，努力做到适龄人口基础教育的全覆盖。构建了以居住地学龄人口为基准的义务教育管理和公共服务机制，建立了农村留守儿童关爱服务和助学体系，建立健全了覆盖各学段的学生资助体系。在全国范围内做到了三个率先：率先由流入地政府按照相对就近的原则将农民工随迁子女安排在流入城市的公办中小学就读，实现 100% 的入学率，并取消与入学相关的费用，使其享受农村学生的免教科书费和城市学生的中考指标到校以及在流入地参加升学考试等政策，保障了 29 万多流动人口随迁子女、19 万留守儿童平等的受教育权利；率先实施普通高中孤儿学生免学费政策；率先对特殊教育学生实施 15 年免费教育。② 同时，对家庭经济困难学前儿童发放入园资助金，为农村家庭经济困难的寄宿生发放生活补助金。通过对弱势群体和特殊群体的关注和倾斜，切实保障和改善教育民生，把党和政府执政为民的理念落实到每个家庭、每个学生身上。

（一）保障和改善弱势群体教育服务的重要举措与成效

1. 坚持“两为主”，完善“两纳入”保障流动儿童异地就学

辽宁省认真贯彻落实《国家新型城镇化规划（2014—2020 年）》和《国务院关于进一步做好为农民工服务工作的意见》（国发〔2014〕40 号）等文

① 国家教育发展研究中心专题组译 . 迈向全纳、公平、有质量的教育和全民终身学习——“教育 2030 行动框架”之前言、愿景、理念与原则［J］. 世界教育信息，2016（1）：7—11.

② 辽宁省教育厅组编 . 辽宁教育事业发展报告 2015［M］. 沈阳：辽宁人民出版社，2016：8.

件要求，坚持“两为主”，完善“两纳入”解决农民工随迁子女入学问题，即以流入地政府为主、以公办学校为主，同时将常住人口纳入区域教育发展规划、将随迁子女教育纳入财政保障范围。

一是重视流动儿童工作，出台系列文件。辽宁省充分考虑促进人口合理有序流动，保障进城务工人员随迁子女公平受教育权利和升学机会，统筹进城务工人员随迁子女升学考试需求和全省教育资源承载能力等现实可能的基础上，出台了《辽宁省人民政府办公厅转发省教育厅等部门关于进城务工人员随迁子女在辽宁省参加中考和高考实施方案（试行）的通知》（辽政办发〔2012〕68号），规定凡在辽宁省高中阶段有三年学籍，并有完整学习经历的进城务工人员随迁子女均可在辽宁省报名参加高考。2015年7月10日，为深入贯彻落实中央城镇化工作会议和《国务院关于进一步推进户籍制度改革的意见》（国发〔2014〕25号）精神，加快推进全省城镇化发展，辽宁省人民政府出台了《关于进一步推进户籍制度改革的意见》（辽政发〔2015〕18号），坚持以流入地为主、以公办学校为主的“两为主”政策，确保流动人口子女接受义务教育，并在就学地参加中考和高考。2015年11月11日，为贯彻落实《国务院关于进一步做好为农民工服务工作的意见》（国发〔2014〕40号），做好新形势下为农民工服务的各项工作，辽宁省人民政府出台了《关于进一步做好为农民工服务工作的实施意见》（辽政发〔2015〕53号），要求按照农民工随迁子女在校人数拨付教育经费，适度扩大公办学校资源，努力满足农民工随迁子女在公办学校平等接受义务教育的需求。

二是明确年度落实重点，切实保障流动儿童异地就学。各级政府和省直各有关部门切实履行法定责任，将义务教育均衡发展作为基本公共服务的重要内容予以优先保障，全面落实政府主体责任，明确年度落实重点，深入推进进城务工人员随迁子女在公办学校平等接受义务教育。2011年，为保障22.9万农民工子女在城区中小学就读，重点落实城市农民工随迁子女在流入地参加中考并享受省重点高中、省示范性普通高中招生指标到校政策。[①]2012 和 2013 年，严格落实进城务工人员随迁子女在流入地接受义务教育免学费、免教科书费和在中考中享受省重点高中、省示范性普通高中招生指标到校政策。2014 年，政府通过政策倾斜拨款 1.6 亿元支持接收进城务工子女学校建设，切实改善办学条件。到 2015 年，保障进城务工人员随迁子女 100% 在流入地公办中小学接受义务教育，并取消了与入学相关的费用，使其享受农村学生的免教科书费政策和城市学生的中考指标到校政策以及在流入地参加升学考试政策，切实保障了 295219 名流动人口随迁子女在辽宁省接受义务教育。

2. 坚持“三个优先”构建关爱农村留守儿童长效机制

辽宁省认真贯彻落实《中国儿童发展纲要（2011—2020 年）》和《国务院关于加强农村留守儿童关爱保护工作的意见》（国发〔2016〕13 号）精神，积极改善留守儿童教育条件，力争做到“优先满足留守儿童寄宿需求，优先改善留守儿童营养状况，优先保障留守儿童交通需求”。

一是建立了农村留守儿童关爱服务和助学体系。辽宁省在经济下行压力下，仍积极落实“三个优先”政策。实施农村义务教育薄弱学校改造计划和初中校舍改造工程，使农村寄宿制学校的教室、宿舍、厕所、浴室等办学条件得到明显改善。目前，全省义务教育阶段学生上下学分为三种情况：67% 是就近入学；8% 是寄宿学生，其中三分之一乘校车，其他乘公交或其他方式上下学；25% 是非寄宿学生，其中三分之二乘校车，其他乘公交或其他方式上下学。抽样调查显示，义务教育阶段留守儿童 95% 乘坐校车上下学，优先保障留守儿童交通需求在全省落实成效较好。

二是健全农村留守儿童关爱服务体系，探索有效的农村留守儿童教育关爱服务模式。2016 年，我省积极贯彻落实党中央、国务院的文件精神和要求，以促进未成年人健康成长为出发点和落脚点，不断健全法律法规和制度

① 于月萍，罗英智 .2011—2015 年辽宁基础教育改革发展研究报告［M］. 沈阳：辽宁人民出版社，2016：9.

机制，坚持问题导向，强化家庭监护主体责任，逐步减少儿童留守现象，确保农村留守儿童安全、健康、受教育等权益得到有效保障。我省积极贯彻落实《国务院关于加强农村留守儿童关爱保护工作的意见》（国发〔2016〕13号）的文件精神，5月，省民政厅、教育厅、公安厅联合印发了关于《辽宁省开展农村留守儿童摸底排查工作方案》的通知，用两个月时间，在全省开展了农村留守儿童摸底排查，推动各地开展重点对象干预帮扶，做好辍学劝返复学工作。2016年7月，根据国务院的文件精神和全省摸底排查的实际情况，出台了《辽宁省人民政府关于加强农村留守儿童关爱保护工作的实施意见》（辽政发〔2016〕43号），加强留守儿童接受义务教育全程管理和服务，完善留守儿童班主任负责制和学校、班主任与监护人沟通机制，形成了由德育主任、班主任、少先队辅导员和科任教师形成的留守儿童关爱体系，给予农村义务教育学校2.5万余名在读农村留守儿童更多的教育关爱保护。

三是开始建立农村留守儿童数据库。为确保将留守儿童纳入教育等基本公共服务体系，辽宁省建立了农村16周岁以下学龄留守儿童普查登记制度。依托中小学生电子学籍管理系统建立农村留守儿童数据库，以便及时掌握留守儿童动态变化情况，数据库将全面反映留守儿童各类信息，包括父母外出务工情况、监护人变化情况，并随时更新，为有针对性地开展管理服务提供支持。

3. 加大资助力度健全扶困助学体系

辽宁省在贯彻落实国家学生资助政策的基础上，结合辽宁实际不断完善资助方式、细化资助环节、弥补资助短板，相继制定出台了省政府奖学金、普通高校和普通高中孤儿学生免学费及特殊教育学生生活补助等政策。目前，全省已建立健全并实施从学前到研究生全面覆盖各个教育阶段的学生资助政策体系。“十二五”期间全省累计资助各级各类学生3210万人次，支付和发放各项学生资助资金 105.4 亿元。[1]2016 年，辽宁省以推进“精准资助、资助育人”为重点，共资助各级各类学生 701 万人次；着重做好 7.8 万名建档立卡农村贫困家庭、孤残学生资助工作；有 1.6 万名就读普通高中建档立卡等家庭经济困难学生享受免学费政策。

一是加大对家庭经济困难学生资助力度。辽宁省扎实落实国家和省各项学生资助政策，加大对家庭经济困难学生资助力度，不断完善资助方式，提高资助水平和实效，2015 年全省共资助各级各类学生 722 万人次，支付和发放各项资助资金 25.3 亿元，为普通高中和高校 1540 名孤儿学生减免学费等资金 1286 万元。辽宁省已初步构建起了从学前教育到高等教育，从公办学校到民办学校，全程资助、全面覆盖的助学体系，每年大约投入资金 15 亿元，惠及从学前教育到高等教育阶段的 300 万学生人次。学前教育阶段，制定了学前教育资助意见，建立健全学前教育资助制度，对家庭经济困难儿童发放入园资助金。基础教育阶段，继续完善义务教育免费提供教科书和家庭经济困难寄宿生生活费补助政策；建立普通高中国家助学金动态调整机制，普通高中孤儿免除学费政策；同时针对特殊教育学校增设生活补助政策，在彰武县、西丰县开展了营养餐试点工作。

二是加大资助宣传和督导工作力度。辽宁省采取多种方式和形式开展宣传工作，根据国家助学贷款新政策规定的学生在校学习期间财政全额贴息、延长贷款年限、放宽还款期限和贷款代偿等政策，省教育厅通过印发《生源地助学贷款办理指南》，由各高校随《入学通知书》邮寄每人一册，并在辽宁省学生资助网上宣传。特别根据辽西地区连续 2 年受灾的情况，将宣传工作重点下沉至乡、镇、村，把资助政策宣传材料发送到户，各县、区在生源地助学贷款办理现场制作了国家助学贷款新政策宣传板（栏），印发了生源地学生贷款须知单，并在办理现场设有咨询台和资助政策咨询热线电话。使

① 于月萍，罗英智.2011—2015 年辽宁基础教育改革发展研究报告［M］. 沈阳：辽宁人民出版社，2016：9.

广大学生及家长了解资助政策、懂得资助政策、得益于资助政策。加强资助工作督查，组织开展了高校、中职和普通高中落实学生资助政策自查、互查、专项检查，不断提高资助水平。

三是积极推进县级学生资助管理机构建设。辽宁省建立了市县和高校学生资助绩效考核机制，积极推进市、县两级学生资助管理机构建设，有效地促进市、县配备人员，改善办公条件，为做好学生资助工作奠定了基础和保障。辽宁省全面开展了由国家开发银行承办的生源地助学贷款，具体业务由各县（市）、区教育部门负责办理。但目前县级经办部门机构不健全、人员不足，影响了助学贷款工作的正常开展。为此，省教育厅专门下发了《关于加强市、县两级学生资助管理机构建设的通知》（辽教发〔2015〕45号），各县、区教育部门积极落实通知要求，配备了专职工作人员，提供了必要的办公条件，保证了贷款业务顺利开展和学生的贷款需求。

4. 强力推进标准化特教学校建设完善特殊教育体系

近年来，辽宁省把发展特殊教育纳入各级政府重要日程，并作为政府为群众办实事的重要内容，出台了《辽宁省人民政府办公厅转发省教育厅等部门关于进一步加快特殊教育事业发展意见的通知》（辽政办发〔2011〕12号）、《关于加大财政投入支持特殊教育发展的通知》（辽财教〔2012〕472号）和《辽宁省特殊教育提升计划实施方案（2014—2016年）》（辽政办发〔2014〕47号）等一系列文件，促进全省各地重视特殊教育，发展特殊教育，努力推进全省特殊教育事业改革发展。基本形成了从学前教育、义务教育、高中阶段教育到高等教育的特殊教育体系，构建了“以随班就读和特教班为主体，以特教学校为骨干，以标准化学校为龙头”的特殊教育发展格局。

一是加强特殊教育学校标准化建设，办学条件和教育质量不断提高。“十二五”期间，省教育厅制定了《辽宁省特殊教育学校办学标准》，并要求各地采取有力措施，强力推进标准化特教学校建设。一是坚持特教特办、重点扶持的基本原则，加大经费投入力度，加强硬件建设，共计投入1.8亿元专项资金加快支持特殊教育学校标准化建设，用于建设特殊学校最基本、最急需的专用教室，购置必要康复训练设备，全面改善了特教学校办学条件。二是加强特殊教育学校校长和教师队伍建设，通过选送参加国家级特教校长培训班和举办全省特教校长培训班，提高校长特殊教育业务和管理水平；开展分类别、分层次、分学科的教师培训，重视特教学校中青年骨干教师培养，通过举办特教学校骨干教师培训班、青年教师教学基本功大赛、学科带头人评比等活动，促进中青年教师快速成长；扎实开展特殊教育教研活动，为广大特教教师提供交流和学习的机会。近年来，全省从硬件、软件两方面促进了特殊教育学校的标准化建设，保障了特殊教育教学质量的不断提高。全省三类残疾儿童、少年入学率达到93%，城市和发达地区达到95%。

二是拓展特殊教育服务范围和方式特殊，教育体系不断完善。按照国务院办公厅转发的《特殊教育提升计划（2014—2016年）》（国办发〔2014〕1号）要求，辽宁省在抓好义务教育阶段融合教育的基础上，向学前教育、高中教育、高等教育和职业教育延伸，基本形成了从学前教育、义务教育、高中阶段教育到高等教育的特殊教育体系。“十二五”期间，辽宁省提高了省特教专项补助经费额度，提高特殊教育学校、普通学校特教班和随班就读残疾学生生均公用经费标准和残疾学生免费教育的范围和水平，建立覆盖全体残疾学生的资助体系。针对义务教育阶段残疾学生的特殊需要，在“两免一补”基础上进一步提高补助水平，实施普通学校随班就读资源教室建设工程，省财政还拨付3136万元作为特教学校学生生活补助费和教师工作津贴，这些投入有效缓解了残疾学生的生活困难，切实减轻特殊教育学校学生的家庭经济负担。从2015年开始，对残疾儿童少年实施15年免费教育，免收学杂费（保育费）、课本费、住宿费，并为残疾学生补助生活费。同时，对每一个孩子的残疾类型、残疾程度和家庭情况进行全面了解，探索实行“一人一案”，构建了“以随班就读和特教班为主体，以特教学校为骨干，以标准化学校为龙头”的特殊教育发展格局。

（二）保障和改善弱势群体教育服务存在的主要问题

1. 流入地教育容量有限，流动儿童接受义务教育的质量有待提升

近年来，辽宁省流动儿童一直保持在 25 万—29 万之间，主要集中在大连、沈阳等中心城市。流动人口的涌入对流入地的教育资源、办学质量和区域统筹造成一定压力，“十二五”期间，全省较好落实和解决了流动儿童入学问题，保障了进城务工人员随迁子女 100% 在流入地公办中小学接受义务教育。但也存在一些问题，需要再进一步完善。

一是流动儿童异地就学手续相对复杂。目前各市都制定和公开了异地就学政策和办理流程，但是在实际办理中，手续比较繁杂，一定程度上存在异地就学障碍。上海市解决流动儿童异地就学的一些经验值得辽宁省借鉴。上海市简化条件，放宽班额吸纳随迁子女进入公办学校就读，凡能提供父母的农民身份证明、在沪居住证明或就业证明的随迁子女均可在上海免费接受义务教育，位于城郊接合部和郊区集镇的公办学校可以扩大班额招收随迁子女。同时，采取审批民办三星级幼儿园、规范看护点管理等措施适应随迁子女的看护需求。上海市设立了民办三星级幼儿园的基本办学条件标准，明确三星级幼儿园实行属地化管理，各镇、街道可以联系实际，加强对三星级幼儿园的规范管理。辖区内的公办幼儿园积极承担帮、带、指导民办三星级幼儿园的任务，促使民办三星级幼儿园有效开展教育教学工作，不断提高办园水平。

二是流动儿童接受义务教育质量有待提升。目前流动儿童异地就学权利基本得到保障，但是接收流动儿童的学校多为城郊或城区中教育教学质量相对薄弱的学校，逐渐形成了新的“二元结构”，客观上造成了教育过程和教育结果的不平等。江苏省探索创新教职工编制统筹使用机制，对流动人口随迁子女需求增幅较大、难以通过调剂编制等方式解决教师资源紧缺的苏南地区，通过深化南北挂钩合作等方式，开展苏南苏北城市间校对校、一校对多校的教职工跨地合作交流等方式解决外来务工人员流入较多地区教师资源紧

缺问题。[①] 辽宁省也需要积极借鉴江苏省的经验，进一步推进义务教育均衡发展，加大对接收流动儿童学校的政策倾斜力度，推动优秀教师向接收随迁子女的学校流动，缩小校际差距，提升流动儿童接受义务教育的质量。

2. 留守儿童服务与管理责任主体不明确，关爱活动缺乏长效机制

经初步统计，2015 年全省有农村留守儿童近 20 万人，其中学龄前农村留守儿童近 1 万人，义务教育阶段农村留守儿童 189455 人。在留守学生中，父母双方均外出务工的 68285 人，父方外出务工的 100697 人，母方外出务工的 20473 人。这些农村留守儿童主要分布在经济欠发达的国家级扶贫工作重点县（市），以义务教育阶段的学龄儿童为主，其中长期留守儿童、单亲家庭留守儿童存在的问题较为突出。近年来，全省各级政府开始把解决农村留守儿童问题摆上工作日程，加强组织领导，积极实施关爱服务。但从调查情况看，全省关爱农村留守儿童工作还处于由下向上、由点向面的扩展和探索阶段，存在的问题比较突出和集中。

一是重视程度差异大。调查发现，辽宁省农村留守儿童较多的县（市），对关爱农村留守儿童工作普遍比较重视，而数量少的县（市）重视程度相对较低，有些甚至没有纳入政府的工作范畴。同时，数量相对较多的县（市）重视程度也不尽相同，有的增加机构和人员、增设办公场所及设施，有的还仅仅停留在认识层面，政府没有采取实质性举措，没有开展具体性工作。

二是主管部门不明确。关爱服务农村留守儿童工作的主管部门不明确、不统一问题在全省具有普遍性，有的由妇儿工委主管，有的由教育部门主管，还有的由青少年教育保护委员会主管，有的甚至由关工委主管。主要原因是国家和省级法律层面，对未成年人保护工作明确由各级政府所属的青少年教育保护委员会（办公室设在共青团）主管，对协调和推动政府有关部门做好维护妇女儿童权益工作，明确由各级政府所属的妇女儿童工作委员会

① 沈大雷 . 江苏：七部门联合为流动人口流入地教育解难题［N］. 中国教育报，2016-1-11（1）.

（办公室设在妇联）主管，但对留守儿童工作均没有做出明确规定。同时，协作部门不明晰及职责不清的问题也比较突出，很多部门都在参与，但不知道具体的责任分工。

三是方式方法待规范。各地在谁来关爱、关爱什么、怎么关爱上，认识各有不同，做法千差万别，效果也大相径庭。从实施主体看，有的是学校教师，有的是"五老"人员，有的是社会爱心人士（志愿者）。从内容上看，有的教育帮扶助学、助教，有的助贫助困给钱、给物，有的动员社会献爱心找代理妈妈、代理爸爸。从工作方法看，有的采取书信、谈话方式，还有的采取全员培训方式，个别乡镇学校甚至对农村留守儿童进行大张旗鼓的培训，给孩子的自尊心造成极大伤害。从工作对象看，有的侧重做外出务工家长工作，有的侧重做代为监护人工作，有的侧重做留守儿童工作。

四是财政投入不足。省政府层面主要是通过"共享蓝天共促和谐"留守儿童基金的方式给予经费支持。市、县级层面，党委口的主要是使用妇女儿童以及共青团方面的列支经费，政府口有的是列有少量专项经费，有的没有明确的经费保障。总的看，各级政府给予的经费较少，很大程度上制约了农村留守儿童关爱服务工作的正常开展。

3. 特教资源缺乏，特教保障体系尚未形成

有关部门对特殊教育工作的重视程度不够，特殊教育与普通教育相比还相对落后，城乡之间、区域之间发展不平衡。特教资源短缺，目前，全省特教学校的规模、质量还不能够完全满足残疾人接受教育的需求，特别是残疾儿童学前教育入园率偏低。特殊教育师资短缺，教师队伍专业化程度不高，待遇偏低，认同感差，工作压力大。

（三）保障和改善弱势群体教育服务的重点领域与薄弱环节

1. 流动儿童受教育权利得到保障，提升教育质量成为教育公平的重点

辽宁省较好落实和解决了流动儿童入学问题，未来五年，辽宁省的快速发展还会吸引一些外来人口涌入，需要积极创新教育公共服务提供方式，保

障流动儿童受教育权利。一方面要不断提高随迁子女接受义务教育的保障水平，增强公办中小学接纳能力，扩大城镇义务教育容量，适时增加在大连、沈阳城乡接合部和县镇的义务教育学校布点，将随迁子女义务教育全纳入。另一方面，要保障流动儿童义务教育的质量公平，积极搭建包括非政府组织、社区家长的多方参与机制，发展针对流动儿童就学的新型教育机构。

2. 留守儿童关爱与服务体系基本建立，明确责任主体、建立长效机制成为提升留守儿童工作实效的关键

2016 年 2 月 20 日国务院公布了《关于加强农村留守儿童关爱保护工作的意见》(国发〔2016〕13 号)，提出从家庭监护、政府责任、教育任务、群团组织、财政投入五个维度着手，建立完善农村留守儿童关爱服务体系。让贫困地区广大农民能够就地就近创业就业是解决当前农村留守儿童问题的主要途径和治本之策。辽宁省应结合大众创业、精准扶贫以及实施突破辽西北战略，优先部署和推进贫困县（市）农民创业就业，让更多农民不再外出务工，确保农村家庭的完整性。与此同时，全省应切实落实党的十八届五中全会关于“加快建立健全农村留守儿童、妇女、老人关爱服务体系”的要求，本着减少农村留守儿童数量（让农村留守儿童不再留守是对农村留守儿童的最有效关爱）、提高关爱服务质量的原则，由上至下推进关爱服务工作有序开展。

3. 扶困助学体系基本建立，扩大覆盖面、提高精准度成为扶困助学的新要求

辽宁省已建立健全并实施从学前到研究生全面覆盖各个教育阶段的学生资助政策体系。未来五年，全省要进一步加大对家庭经济困难学生资助力度，不断完善资助方式，扩大资助范围，提高资助成效。在开展精准资助上下功夫，建立精准识别、精准资助、精准管理机制，确保每一名家庭经济困难学生得到应有的经济资助，并顺利入学，完成学业。

4. 特殊教育办学条件得到改善，扩大覆盖面、提高普及水平仍是特殊教育发展的重要任务

辽宁省要进一步落实特殊教育提升计划实施方案（2017—2020 年），以“提升特殊教育教学质量”与“提高普及水平”和“加强条件保障”为重点，积极推进特教学校标准化建设，扩大特教学校覆盖面；健全融合教育体系，拓展特殊教育覆盖范围；加强特殊教育师资队伍建设，着力提高特殊教育师资专业化水平，积极探索送教上门、随班就读、医教结合等多种形式，实现特殊教育普及水平和教育质量的快速提升。

三、提高弱势群体基础教育服务水平和质量的战略目标

随着经济、社会、科技、文化等领域的深刻变革，弱势群体的总量将日益增长，城市弱势群体增速加快，群体结构呈现复杂化、年轻化特征，因此，弱势群体享受基础教育服务的战略与政策设计要预留空间，以应对结构性弱势群体与阶段性弱势群体的教育需求。

（一）战略目标

到 2035 年，消除各种形式的教育歧视、排斥、边缘化和不平等，建成全纳、包容的教育体系，确保每个人都能接受完整教育。① 要优先保障贫困、残疾、留守、流动等弱势群体受教育权利，不让他们因户籍身份、经济条件、地理位置、家庭文化、居住方式等遭受各种形式的教育排斥，保障全民全纳教育，回应多样性学习者的学习需求，不让一个人掉队，实现教育的包容、全纳和完整。

（二）具体目标

1. 流动儿童

到 2035 年，全省流动人口子女入学、就学和升学考试同城化达到

① 国家教育发展研究中心专题组译．迈向全纳、公平、有质量的教育和全民终身学习——“教育 2030 行动框架”之前言、愿景、理念与原则［J］. 世界教育信息 2016（1）：7—11.

100%，融合教育取得显著进展，保障迁入人口子女融入学校和城市社会生活。

2. 留守儿童

到 2035 年，全省留守儿童救助、保护和关爱体系全覆盖，侵害农村留守儿童权益的事件得到有效遏制，儿童留守现象明显减少。

3. 贫困儿童

到 2035 年，健全从学前到研究生全面覆盖各个教育阶段的学生资助政策体系，建立精准识别、精准资助、精准管理机制，确保每一名家庭经济困难学生得到应有的经济资助，并顺利入学，完成学业。

4. 特殊教育

到 2035 年，全省三类残疾儿童少年义务教育入学率达到 98% 以上，其他残疾人受教育机会明显增加，30 万人口以上、残疾儿童少年数量较多的县（市、区）特殊教育服务全覆盖。

四、提高弱势群体基础教育服务水平和质量的战略任务

（一）加快弱势群体教育普及

1. 建立流动人口入学保障机制

建立流动人口入学长期跟踪监控和控辍保学机制，逐步形成流入地和流出地联动服务机制和服务网络，满足流动人口入学需求，确保所有流动学生在学全覆盖。

2. 消除贫困家庭和留守儿童上学不便利导致的失学现象

加大边远农村山区寄宿制学校（包括教学点）建设，提高义务教育阶段寄宿生生活补助标准，并对上学距离远的农村贫困家庭学生给予交通费补助。[①] 对路远学生提供交通补助与校车服务，保证贫困家庭儿童和留守儿童

① 邬志辉 .2016—2030 年农村教育现代化目标任务研究［R］. 长春：东北师范大学，2017：33.

在学，消除上学不便利导致的失学现象。

3. 提高特殊教育普及水平

加大面向残疾儿童的学前教育机构建设，提高残疾儿童接受学前教育的普及水平。在高中及大学阶段实施融合教育，为残疾学生进入高中和高中后教育提供适宜环境和多种选择。在信息化大数据支持下，为残疾儿童实施个别化教育。

（二）提高服务水平，推进公平、共享发展

1. 实现流动人口子女入学同城化

一是按照常住人口规划学校及学位数。适应我省未来城镇化进程，在科学预测人口变动及迁移趋势基础上，按照常住人口规划城镇学校布局及学位安排，以满足相对就近入学为原则，按照国家统一标准，重视新建居民区学校配套建设，坚持学校与居民区同步规划、同步建设。[①] 加快人口导入区学校建设步伐，适度集中配置教育资源，稳妥解决新型城镇化进程中各类新增学龄人口的就学问题，加快新建和改扩建校园校舍，重点解决城镇大班额问题。

二是完善进城务工随迁子女教育政策。进一步完善“两为主”政策，提高义务教育体系的开放性和包容性，依法保障进城务工人员随迁子女在城镇入学时的“同城待遇”。实现“两免一补”资金和生均公用经费基准定额资金随学生流动可携带。城镇学校全面接纳常住人口子女接受各级各类教育并在当地参加各级升学考试。

三是建立随迁子女基本公共教育服务保证机制和监测制度。建立政府与学校、社区合作的迁入人口服务制度，推进融合教育，保证迁入人口子女融入学校和城市社会生活。

2. 健全农村留守儿童关爱体系

一是建立政府主导、民政部门牵头、妇联和教育部门参与、全社会行动

① 中国教育现代化 2035［EB/OL］. 中华人民共和国中央人民政府（2019-2-23）http://www.gov.cn/zhengce/2019-03/19/content_5374889.htm

的农村留守儿童关爱服务体系，做到对每个留守儿童精准关爱。优先改善留守儿童的学习条件、营养状况和安全需求，不断完善家校联动、心理辅导、社区关怀和志愿服务等机制。做到对每个留守儿童精准关爱，确保其身心和人格健康发展，同时加大对学习困难学生的帮扶力度，全面做好控辍保学工作。

二是更新农村寄宿制学校资源配置标准，提高寄宿生生活补助标准，全纳接收留守儿童，探索适合农村儿童特点的现代寄宿制学校服务模式，全面提升留守儿童的营养、身体、心理和学习水平。[①]

3. 实现困难群体帮扶精准化

完善精准、全覆盖的学生资助体系，扩大贫困生资助覆盖面，提高资助水平。建立以各级各类学校（包括民办学校和幼儿园）学生为基数的财政资助预算制度，保证包括民办学校在内的所有学生平等享受、应助尽助。完善民间参与助学激励政策，完善助学贷款机制。完善贫困家庭学生、特殊儿童青少年、特殊困难家庭儿童信息收集和信息分享利用机制，建立定期核查、动态调整机制，做到精准帮扶、人性化帮扶。

4. 全面实施十五年免费特殊教育

一是对特殊群体实现全纳教育。秉持公平原则，消除歧视观念，依法保障所有残疾人与普通人平等接受教育的权利，支持和推动特殊教育事业加快发展。进一步完善以随班就读为主体、以特殊教育学校为骨干、以送教服务为补充的特殊教育体系。建立健全从学前教育到高等教育的特殊教育体系，全面为城乡残疾儿童、青少年提供包括学前教育、义务教育和高中阶段教育在内的 15 年免费教育。

二是积极发展残疾儿童学前教育、康复教育。尽早辨识残障和处于残障风险中的儿童，制定并实施及时的干预措施，提升包容性，避免边缘化风险。提高义务教育阶段特殊学校办学水平，强化对随班就读和送教上门工作

① 邬志辉 .2016—2030 年农村教育现代化目标任务研究［R］. 长春：东北师范大学，2017：31.

的管理。大力发展高中阶段特殊教育，探索适合残障学生特点的多样化中等职业教育，为各类残障学生提供职业技能培训。加快发展高等教育，逐步增加残障学生接受高等教育机会，不断拓展残障学生高等教育专业类型。

三是大力推行融合教育。强化随班就读，支持各级各类普通学校根据实际需要创设必要的教育教学条件，建设无障碍的学习和生活环境，提高随班就读比例。① 促进医教结合，加强教育、卫生计生、残联、医院、康复机构的合作，加强教师和专业医疗康复人员的协调配合，开设必要的康复训练课。

四是探索特殊教育“一人一案”。坚持全纳、包容、平等原则，建立精准化的识别机制，制订个性化的教育计划，实施差别化的教育方式，通过随班就读、特殊学校、送教上门等多种渠道，努力为每个残疾人提供有质量的“适切教育”。② 适应“互联网 + 教育”发展趋势，发展开放融合的混合式学校形态和融合式学习模式，让教育可“量身定制”，为无法到校就读的多重或重度残疾儿童提供必要的教育服务。

五是建立健全特殊教育监测和督查制度。落实各级政府的法定责任，确保每个残疾人都能够接受公平的教育，共享发展的成果。加强残障儿童评估研究，推动医学评估与教育评估的有机结合，为每个残障儿童建立个人档案，实现从发现开始的教育、康复、保健跟踪服务，提高特殊教育的针对性和有效性。完善残疾学生评价内容，注重培养生活技能、社会适应能力和必要的职业技能。

---

① 中国教育现代化 2035［EB/OL］. 中华人民共和国中央人民政府（2019-2-23）http://www.gov.cn/zhengce/2019-03/19/content_5374889.htm

② 中国教育现代化 2035［EB/OL］. 中华人民共和国中央人民政府（2019-2-23）http://www.gov.cn/zhengce/2019-03/19/content_5374889.htm

五、提高弱势群体基础教育服务水平和质量的保障措施

（一）加强部门协同，明确责任主体

政府对实现教育权利负有首要责任，并在高效公平的管理与公共教育投入上发挥核心作用。鉴于教育在构建知识社会、遏制日益增长的不平等以及重申新教育议程对终身学习重要性的作用，在教育发展以及将教育发展整合到更广泛的社会经济发展框架之中时，需要政府内部更加有力的领导、协作和配合。[①] 应建立或进一步完善法律和政策框架，促进各层面、跨部门的问责制、透明度、参与式治理和协调式伙伴关系，确保所有利益相关者的参与权利。明确弱势群体教育责任主体和协同单位，形成责任明确、协作创新、相互制约、精准问责的长效机制。

（二）保障弱势群教育投入，优先惠及最需要的群体

保障弱势群体的教育权利，提供全纳、公平的教育服务是政府的重要职责。适应世界人力资源竞争新挑战和落实国家教育优先发展战略，持续加大教育经费投入。弱势的儿童、青少年对教育的需求最大，因而资金投入需要重点向他们倾斜。统筹利用好、布局好各类教育资源，突出保基本、补短板、促公平，公共教育资源配置向薄弱地区、薄弱学校、薄弱环节和困难人群倾斜，推动区域、城乡协调发展，着力提高基本公共教育服务的覆盖面和质量水平。

（三）加强师资队伍建设，提供精准、个性化服务

目前，弱势群体接受的教育公共服务总体水平较低，需要继续完善乡村教师补充机制，加强县域教师资源统筹调配力度，事业编制向乡村学校、随迁子女聚集学校和特殊教育学校倾斜。落实乡村教师、特殊学校教师工资待遇，稳步解决结构性、区域性和阶段性教师短缺问题。加大特殊教育教师培

① 国家教育发展研究中心专题组译.迈向全纳、公平、有质量的教育和全民终身学习——“教育 2030 行动框架”之实施方式［J］. 世界教育信息 2016（4）：16—24.

养和培训力度，努力为特殊群体提供精准、个性化教育服务。

（四）信息技术和大数据支持，推动决策科学化

加大对随迁子女、留守儿童、困难家庭和特殊儿童信息的采集、跟踪与预测力度，强化教育部门与其他政府部门和企业的合作，推进各数据库数据共享和对接，利用基于大数据技术的教育行政决策，提高决策的科学性和精准性。通过提供远程学习、信息通信技术培训以及合适的技术和必要的基础设施等措施，为弱势群体及其他边缘群体提供多样化、个性化的学习环境。